« C'est avec grand bonheur que j'ai la chance de collaborer avec France Hutchison, pédagogue, communicatrice, femme et mère passionnée, amoureuse inconditionnelle des enfants et du grand monde de l'éducation. Quand France parle de ses livres, des formations offertes, de ses nouveaux projets ou de ses nouvelles idées pour mieux aider, elle s'anime et on sent instantanément qu'elle place l'enfant au cœur du mieux-être. Son rôle est déterminant auprès des parents, des intervenants et, surtout, auprès des enfants.

Dès que je planifie une rencontre avec elle, je suis aussitôt inspirée. Il n'y a aucun doute, elle fait une grande différence non seulement dans la vie des enfants, mais dans la mienne et dans celle de tous les gens qui croisent sa route. La différence passe par l'action, et la conception de son tout nouveau portail, Pedago.ca, en est la preuve. Quand on prend connaissance de son contenu, on réalise très rapidement que France est sans contredit la nouvelle voix de l'enfant! »

— *LOUISE ST-PIERRE,*
auteure et conférencière,
spécialiste dans l'appui aux devoirs

« L'Univers ne nous envoie pas toujours ce qu'on demande, mais ce dont nous avons besoin pour cheminer dans la vie, accomplir notre mission. France a reçu le cadeau d'une enfant différente et c'est sans relâche qu'elle relève ce défi. Femme de cœur et mère de famille engagée, elle sait nous donner la force de faire un pas de plus... chaque jour! »

— *BRIGITTE LANGEVIN,*
auteure de Comment aider mon enfant à mieux dormir

Éduquer un enfant différent

France Hutchison

Éduquer un enfant différent

Stratégies de coaching pour parents, enseignants et intervenants

BÉLIVEAU
éditeur
Montréal, Canada

Conception et réalisation de la couverture : Christian Campana
Photographies de la couverture : Esther Campeau

Dépôt légal : 1er trimestre 2010
Bibliothèque et Archives nationales du Québec
Bibliothèque et Archives Canada

ISBN 978-2-89092-448-2

5090, rue de Bellechasse
Montréal (Québec) Canada H1T 2A2
514 253-0403 Télécopieur : 514 256-5078

www.beliveauediteur.com
admin@beliveauediteur.com

Gouvernement du Québec — Programme de crédit d'impôt pour l'édition de livres — Gestion SODEC — *www.sodec.gouv.qc.ca.*

Nous reconnaissons l'aide financière du gouvernement du Canada par l'entremise du Programme d'Aide au Développement de l'Industrie de l'Édition (PADIÉ) pour nos activités d'édition.

IMPRIMÉ AU CANADA

TABLE DES MATIÈRES

REMERCIEMENTS **11**

PRÉFACE **13**

AVANT-PROPOS **17**

1 - UN BREF APERÇU DE MON HISTOIRE **19**

Mes débuts auprès des enfants différents 20
L'histoire de mon petit cadeau 22
L'entrée en garderie éducative 26
Des défis importants 28
L'ouverture de mon centre privé 29
Les défis qui nous font grandir: une séparation ... 31
La vie de famille reconstituée 33
La création de Pedago.ca 36
Mon intention pour vous 37

2 - L'IMPACT DANS NOS VIES, DES ÉMOTIONS QUI NOUS FONT GRANDIR 39

L'enfant handicapé 39

Une métaphore: Bienvenue en Hollande 40

Le processus de deuil 42

Ce que les parents vivent intérieurement 43

Face à l'annonce 43

Les besoins face à l'information 44

Le besoin de tout comprendre et parfois le désir de ne rien entendre 44

Le besoin d'avoir du temps et la peur d'en prendre 44

Le besoin d'écoute 45

Les six étapes du deuil d'un enfant différent 46

3 - DES TRUCS ET CONSEILS POUR MIEUX VIVRE AVEC CE DÉFI 53

Premier conseil: demandez de l'aide ! 53

Famille immédiate... les frères et sœurs 55

Le couple dans tout ça ! 56

Vous n'êtes pas un super-héros 58

Fiche pour vous aider à identifier vos besoins et à les communiquer 60

Votre attitude 62

Voir les défis comme des opportunités d'apprentissage 65

Bien comprendre le message de notre enfant . . 68

Montrez-lui que vous êtes à l'écoute de ses messages 71

Voir ses capacités plus que ses faiblesses 72

Si vous ne croyez pas au potentiel de votre enfant, qui croira en lui ? 73

Utilisez d'autres lunettes 74

Devenez le défenseur des droits de votre enfant . . 75

Vous êtes le seul responsable de votre vie 76

Développer et suivre son intuition 77

Les revers de la performance ! 78
Le regard des autres 80
Attention: la règle du 90 secondes 82
Ne pas réprimander en fonction du passé 82
Branchez-vous à ce que vous désirez
et arrêtez de critiquer ! 84
Le déni, votre pire ennemi 84
Histoire attendrissante !
Daphnée et les gens qu'elle touche 86

4 - L'ÉDUCATION, ÇA NE SE FAIT PAS SEUL ! 87
Votre réseau de soutien 87
La carte conceptuelle de votre réseau
de soutien 89
Entourez-vous de gens qui vous encouragent . . 92
Un ingrédient essentiel: la collaboration 93
La collaboration, c'est quoi ? 93
Pourquoi faire équipe ? 94
Les conditions essentielles à la collaboration . . . 96
Sécurité et confiance 96
Le contact 97
Le respect de l'autonomie des gens 98
Être flexible et ouvert aux autres 98
Chacun pour soi dans l'atteinte du but commun . . . 100
La dynamique des relations selon Karpman 104
Le rôle de Sauveur: le parent nourricier 105
Le rôle de la Victime: le parent impuissant 106
Le rôle de Persécuteur: le parent
excessivement autoritaire 106
Dessiner le futur de votre enfant 108
Modèle axé sur les solutions de Cooperrider 108
Découvrir 108
Rêver 109
Décider 109
Innover ce qui sera 110

Modèle axé sur le problème 110
Définir le problème 111
Analyser les causes 111
Solutions possibles 111
Plan d'action 112
La visualisation, un outil puissant pour créer un futur positif 114

5 - PRENDRE SOIN DE SOI ET DE SA FAMILLE **115**
Préserver et refaire votre énergie 115
Trouver ce qui vous donne de l'énergie.......... 117
Organiser votre vie familiale pour vivre en harmonie 119
Étape 1: Faites l'inventaire de la famille 119
Étape 2: Organisez votre vie familiale 123
Étape 3: Passez à l'action 127
Étape 4: Réévaluez ce qui fonctionne bien 130

6 - D'AUTRES RESSOURCES POUR VOUS AIDER **133**
La médication pour ces enfants différents 133
Le yoga, un outil à essayer 135

7 - PASSEZ À L'ACTION **139**
Volet coaching 139
Résumé des étapes clés 139
Fiche pour vous aider à développer vos besoins 140

LE MOT DE LA FIN **145**
Messages et témoignages inspirants............ 145

SUGGESTIONS DE LECTURE **159**

Remerciements

Merci à Daphnée, tu es mon guide qui me fait grandir,

Merci à Chloé, tu es mon petit rayon de soleil qui me donne des forces,

Merci à Jazz, tu es un modèle de grande sœur,

Merci à maman Marthe, tu es ma source, mon équilibre,

Merci à papa Jean-Guy, tu m'as donné le goût de la création et du rêve,

Merci à Éric, tu es un papa qui offre beaucoup d'amour à nos deux filles,

Merci à ma famille, mes ami(e)s, mes collaborateurs pour votre appui,

Merci à vous tous qui éduquez des enfants différents. Vous êtes choyés de pouvoir travailler avec eux, ils vous amèneront à cheminer et à devenir de meilleures personnes.

Et un sincère merci à toi Yannick qui partage ma vie. Tu es mon train qui me permet de me rendre à destination sans tout abandonner! Merci de me donner ton soutien, ton amour et ta force!

Je vous envoie tout mon amour et ma lumière!

FRANCE

PRÉFACE

J'avais la conviction profonde qu'il existait, pour ma fille et moi, une femme qui allait répondre en tous points à nos aspirations. Une femme dans les yeux de laquelle je ne me lasserais jamais de regarder. Des yeux qui m'écouteraient, me comprendraient. Une femme qui partagerait mes valeurs profondes. Une femme tout aussi à l'aise dans une robe de bal qu'en jeans à la cabane à sucre. Une princesse ne dédaignant pas se salir les mains de temps à autre. Une fille simple ayant la classe des plus grandes dames du monde. Une mère douce et aimante. Une confidente et une amie de confiance pour ma fille qui grandit. Une femme avec qui éduquer mon enfant, nos enfants, dans une belle aventure. Une femme qui, à mes côtés, serait le complément parfait. Je suis tellement fier d'avoir patienté, d'être resté fidèle à ma petite voix qui me disait de ne pas simplement m'accommoder. Cette femme, je l'ai trouvée... un jour d'automne 2005.

France est entrée dans nos vies, à ma fille et moi, accompagnée de deux enfants à elle: Chloé et Daphnée. Je les aime toutes les deux comme les miennes, mais, en toute franchise, c'est avec Daphnée que, personnellement, je me suis le plus identifié. J'ai toujours éprouvé une passion et un amour inconditionnel pour les enfants. Pour leur innocence, leur franchise, leur créativité et leur ouverture d'esprit. En apprenant à connaître Daphnée au fil des mois, je me suis beaucoup identifié à son côté spontané, irrévérencieux et insouciant. J'enviais ce côté de sa personnalité, ces facettes qui, je le crois, sommeillent en chacun de nous à différents niveaux. Cette envie de tout bonnement prendre sans demander la permission. De manger des bonbons comme si la fin du monde était demain. Ou de crier sa frustration sans aucune retenue. Certains nieront peut-être avoir ressenti ces envies impulsives. Mais je suis convaincu qu'elles sont présentes, à différents degrés, en nous tous, et qu'on apprend à les contrôler ou à les étouffer au fil des ans, parce que c'est ce qu'on nous enseigne. Colorier à l'intérieur des lignes, manger audessus de son assiette, ne pas interrompre, demander la permission. Bref, se conformer, trouver sa case en société, et y rester.

Daphnée nous a donc libérés en quelque sorte, ma fille et moi. Elle nous a permis de découvrir, d'apprécier et de laisser s'échapper, à l'occasion, la douce folie qui dort en nous. Je crois que, pour trouver l'équilibre, il faut souvent passer d'un extrême à l'autre. Et Daphnée nous fait quotidiennement passer à « son extrême ». Elle nous fait sortir de notre zone de confort et nous force à redéfinir notre vision du monde. Elle m'a fait personnellement réaliser à quel point, en tant qu'individu et en tant que société, nous portons des jugements rapides et gratuits. Ce qui me fait admirer et aimer France, la maman de Daphnée, encore plus à chaque jour. Si les gens savaient quels défis représente l'éducation d'une enfant ayant des besoins particuliers telle que Daphnée... S'ils savaient à quel point cela fait mal de se faire regarder comme un parent qui ne sait pas comment contrôler son enfant... Surtout que France est à l'opposé, si discrète et réservée, ne voulant jamais faire trop de vagues en public. Daphnée, au contraire, se fout éperdument de ce que pensent sa famille ou les étrangers autour d'elle! Elle fait ce qu'elle veut, point! Et gare à vous qui tenteriez de l'en empêcher. Tel un cheval sauvage que vous voudriez dompter, elle se cabrera et se rebellera. Quel beau défi! Et quelle belle leçon de vie! Ce qui nous aide d'ailleurs, nous sa famille, à négocier avec le tempérament de Daphnée, c'est de nous répéter: « Une semaine. Essayez une semaine avec notre charmante fille et vous verrez », et ce, toutes les fois que nous nous sentons jugés.

Le plus drôle, c'est que, quelques jours après le départ de Chloé et Daphnée pour la semaine chez leur père, elles nous manquent déjà! Nous nous surprenons à faire des blagues ou à reprendre des expressions que Daphnée nous a laissées. Quelle belle folie... mais savez-vous quoi? Je ne changerais rien à ma vie pour tout l'or du monde! Bon courage à vous, parents d'enfants différents. Vous avez toute mon admiration et mon respect!

YANNICK THERRIEN,
auteur de la collection
Tout pour réussir

AVANT-PROPOS

« Vous connaissez l'expression *les personnes sont des cadeaux*, qui invite à découvrir le trésor caché en chacun et en chacune de nous ? Pour certaines personnes, le trésor est plus facile à reconnaître. Mais quand l'emballage est mal fait, ça devient moins évident… Devant des personnes qui souffrent de divers handicaps, nous nous laissons souvent arrêter par l'extérieur, par l'emballage. Quelquefois, le cadeau n'a pas de ruban ou le papier est décoloré. Parfois, la boîte elle-même est déformée. Nous avons de la difficulté à aimer le cadeau. Nous ne voyons pas le trésor qu'il renferme », écrit Josée Latulippe dans l'introduction du livre *Des cadeaux mal emballés*, témoignage de Louise Brissette recueilli par Josée Latulippe, Novalis, 1992.

Dans mon cas, mon enfant différent a un bel emballage. Il est parfait, c'est un peu à l'intérieur de cet emballage où il semble y avoir quelques différences. Difficile pour moi de vous dire quoi exactement, car plus mon enfant grandit, plus ce mystère devient complexe et tout ce que je peux comprendre, c'est que le cerveau de ma fille fonctionne différemment.

C'est peut-être aussi le cas de votre enfant et peut-être a-t-il un emballage un peu abîmé. Qui sait ? Ce que j'aimerais partager dans l'essence même de ce livre, c'est que, peu importe sa différence — troubles du langage, du comportement ou d'apprentissage, autisme, trouble envahissant du développement (TED), anomalie physique ou génétique —, votre enfant est un être humain unique qui a besoin d'amour pour grandir.

Je vous offre ma vision de cette réalité, la mienne et celle de milliers d'autres parents qui apprennent au quotidien ce qu'est aimer inconditionnellement.

BONNE LECTURE !

1

UN BREF APERÇU DE MON HISTOIRE

« Vous êtes nés avec des idéaux et des rêves. Vous êtes nés pour accomplir de grandes choses. Vous êtes nés avec des ailes. Vous n'êtes pas faits pour ramper, alors ne le faites pas. Vous avez des ailes. Apprenez à les utiliser et envolez-vous. »

— RUMI

Je suis avant tout la maman de deux belles jeunes filles, Chloé et Daphnée, à l'intérieur d'une famille reconstituée ayant une autre belle jeune fille, Jazz. Comme tous les parents, j'ai vite réalisé que la façon d'éduquer chacune d'elles diffère grandement. C'est un peu la beauté et en même temps le défi d'être parent!

Mes débuts auprès des enfants différents

J'ai toujours été grandement attirée par les enfants, la pédagogie et l'animation. Déjà, à l'âge de 11 ans, je coanimais des activités préscolaires et je créais des activités pour les petits de 3 à 5 ans. L'animation me fascinait et me permettait d'être en véritable lien avec les enfants. Étant une personne très réservée, être entourée d'enfants me permettait de développer ma créativité et, surtout, de laisser s'exprimer mon monde imaginaire. Plus tard, j'ai continué à animer des camps de jour, des soirées thématiques pour enfants et des activités sportives. Mon cheminement était destiné à l'éducation. C'est d'ailleurs pourquoi j'ai entrepris des études universitaires en éducation.

Ensuite est venu le temps pour moi d'enseigner dans les écoles de niveau primaire. J'étais celle qui aimait faire participer les enfants, proposer des projets de recherche et faire découvrir aux jeunes leurs forces. J'utilisais toutes sortes d'outils inspirés des sciences, de la nature, de la vie courante pour amener les enfants à s'intéresser aux matières scolaires. J'ai toujours cherché des techniques d'éducation différentes et mes plus grands enseignants furent les enfants. C'est grâce à eux que j'ai pu développer mes techniques d'éducation holistique. Les enfants ont vite enrichi ma façon d'enseigner, car ils m'ont toujours stimulée à éduquer différemment. À un point tel que, pour moi, enseigner, c'est partir des intérêts des enfants et les amener à être curieux et à s'intéresser avant tout à leur environnement, à leurs préoccupations et apprendre comment interagir socialement. Par la suite, se greffent à ces notions les connaissances.

À l'époque où j'enseignais, j'ai toujours eu des enfants dans mes classes qui avaient des besoins particuliers. J'avais un faible pour eux, car mon état de calme pouvait apaiser leurs états anxieux. L'un d'eux, entre autres, avait des troubles sévères d'apprentissage et plusieurs troubles du comportement. Tellement, que plusieurs professeurs lui refusaient la participation à certaines sorties ou activités, car ils appréhendaient ses comportements inacceptables. Pour ma part, je laissais toujours une chance aux enfants qui avaient des troubles du comportement. Ce fut d'ailleurs le cas d'un jeune garçon de ma classe qui ne pouvait nous accompagner à un spectacle musical. Tous les professeurs m'avaient recommandé de laisser l'enfant à l'école pendant que ma classe participerait à l'activité. Mais, dans mon for intérieur, c'était inconcevable. Je devais permettre à cet enfant de participer et de découvrir la musique. Je connaissais bien la sensibilité de cet enfant malgré ses comportements agressifs, et je me suis dit que, si je lui faisais découvrir la beauté et la douceur de la musique, cela lui permettrait peut-être de se connecter à ses émotions intérieures. J'ai donc écouté mon intuition. J'ai emmené cet enfant en compagnie de mes vingt-six autres élèves. C'est à ce moment que j'ai vraiment eu une révélation qui, encore à ce jour, m'émeut. L'enfant fut un des plus sages et même que, lors du spectacle, il était assis à côté de moi et me tenait le bras. J'ai senti qu'il avait compris quelque chose. La confiance que je lui avais accordée, il l'avait bien saisie et, surtout, j'ai senti qu'il en était reconnaissant. À la fin du spectacle, cet enfant était calme et m'a dit merci de l'avoir emmené. Cette histoire m'a toujours servi de guide. Dans les moments de doute face aux comportements des enfants, je tente de suivre mon intuition et de leur accorder la chance de prouver qu'ils sont capables.

Mon expérience avec les enfants fut formidable. Par contre, ce qui fut plus difficile pour moi à cette étape a été de transiger et de communiquer avec les parents. Je sentais parfois une résistance lorsque je leur parlais des difficultés de leur enfant ; ils devenaient sur la défensive, et je comprenais difficilement leurs réactions. Ce n'est que plus tard, lorsque j'ai eu des enfants et, surtout, lorsque j'ai eu une fille qui avait des troubles du comportement et des troubles sévères du langage, que j'ai compris ce que les parents vivent lors de ces rencontres parents et enseignants. C'est d'ailleurs le fruit de mes expériences qui m'a poussée à partager mon vécu et, surtout, mes conseils afin de développer la collaboration entre parents et enseignants.

L'histoire de mon petit cadeau

Après avoir enseigné quelques années, j'ai dû quitter le milieu de l'enseignement, car j'étais enceinte et je n'étais pas immunisée contre la 5e maladie infantile[1]. Par conséquent, si j'étais en contact avec des enfants qui avaient ce virus, ce serait possiblement très dangereux pour le fœtus. J'ai alors pris congé de l'enseignement et je me suis dédiée à la maternité. Daphnée est née le 15 février 2000 et pesait 9 livres et 8 onces (4,3 kg), un beau gros bébé avec des yeux très curieux dès sa naissance. Avec un physique tout à fait normal, elle est venue au monde avec de nombreux troubles neurologiques, ce que j'ignorais au moment de sa naissance.

1. La 5e maladie infantile, ou érythème infectieux, a été la cinquième maladie à être découverte parmi le groupe des éruptions cutanées infectieuses ; les quatre premières étant la roséole, la rougeole, la rubéole et la scarlatine.

D'ailleurs, à ce jour, je ne connais pas les raisons de sa condition. Tout ce que je sais, c'est que son développement en tant que fœtus fut normal, mais mon accouchement fut très long.

Daphnée était un bébé particulier, mais comme elle était mon premier enfant, je pouvais difficilement comparer. Son développement me semblait normal malgré des otites à répétition et un mutisme de sa part. Elle ne prononçait aucun son, sauf des cris stridents. C'est vers l'âge de dix mois que j'ai commencé à me douter que quelque chose n'allait pas. Daphnée ne mangeait pas normalement, elle s'étouffait et avalait la nourriture sans mastiquer, elle bougeait beaucoup et, malgré son regard perçant, elle ne prononçait pas de sons. En plus, sa motricité fine et globale semblait se développer tardivement.

À ce moment-là, elle était dans une garderie en milieu familial, car j'avais recommencé à travailler quand elle avait six mois. La gardienne me disait qu'il y avait quelque chose qui n'allait pas avec Daphnée. L'éducatrice avait elle aussi noté ses retards de langage, ses difficultés motrices et, surtout, elle s'était aperçue de ses interactions problématiques avec les autres enfants. Elle poussait, mordait et était brusque avec eux. Elle faisait tout ça en souriant. Bien que j'aie été réceptive à ce que l'éducatrice me confiait, il m'était difficile d'entendre ce qu'elle avait à me dire au sujet de ma fille. J'avais énormément de difficulté à accepter les retards de Daphnée, car très tôt, avant même qu'elle naisse, je m'étais imaginé cette mignonne petite fille adorable, souriante, douce et intelligente, une des premières de classe, car je la comparais à moi. Ses multiples retards m'inquiétaient et cela se traduisait par un refus d'accepter ce que l'éducatrice me disait. En me référant aux étapes d'acceptation du deuil de l'enfant parfait, j'étais probablement à l'étape du déni.

De son côté, mon conjoint, Éric, le papa de Daphnée, vivait ces moments avec beaucoup de recul. Il semblait ne pas voir tous les défis de notre fille. Du moins, c'était ma perception. Pourtant, il était un très bon père présent ; il la cajolait, lui offrait beaucoup d'attention et d'amour. Éric était un papa gâteau très affectueux. Il aimait beaucoup jouer avec Daphnée. Il l'adorait, et ce, malgré ses nombreuses difficultés. Nous n'avions pas vraiment la possibilité de comparer, car Daphnée était notre premier bébé. Le développement de notre fille ne semblait pas l'inquiéter, mais pour moi, c'était une obsession. Pour lui, peu importait ses différences de comportement, car elle était belle et en santé; c'était l'important. Je crois, avec du recul, qu'il voulait simplement m'encourager en dédramatisant les comportements différents de notre enfant. Son intention était louable mais, malgré cela, je me sentais très seule dans tout ce tourbillon d'émotions, d'acceptation, et d'avoir à observer tous ses comportements différents.

Ma persévérance à me questionner sur ce qui n'allait pas avec le développement de notre fille a fait en sorte que j'ai convaincu Éric que nous devions consulter des spécialistes pour comprendre ce qui se passait chez Daphnée. C'est vers l'âge de douze mois que nous avons entamé plusieurs tests auprès de divers spécialistes: pédiatre, audiologiste, orthophoniste, ergothérapeute. Bien qu'elle regardât les gens, Daphnée semblait ne pas toujours entendre ce qu'on lui disait. Nous pensions donc qu'elle avait des problèmes d'audition, ce qui aurait pu expliquer son retard de langage.

L'audiologiste nous confirma que l'audition semblait bonne, mais nous n'avions toujours pas de diagnostic précis. Ensuite, nous avons rencontré l'orthophoniste pour vérifier et évaluer ses capacités de langage. C'est vers l'âge de dix-huit mois que ce spécialiste nous orienta vers un diagnostic de dysphasie avec dyspraxie. Ces mots résonnaient dans ma tête, car je ne savais vraiment pas ce qu'était la dysphasie. *Était-ce une maladie ou un trouble neurologique?* Rapidement, je me suis mise à chercher sur Internet pour m'informer et tenter de comprendre comment ses apprentissages et son autonomie seraient affectés.

Pour vous expliquer, la dysphasie est un trouble du langage. Dans le cas de Daphnée, elle avait de la difficulté à comprendre les mots entendus et à émettre des mots. Ce qui expliquait que, souvent, elle semblait ne pas écouter les consignes, et ce, malgré le fait qu'elle entendait très bien. De plus, la dyspraxie est un trouble qui affecte la motricité fine globale et le contour de sa bouche. Difficile pour elle de penser et de coordonner le mouvement qu'elle veut faire. Elle peut le faire sans y penser, mais sur demande, c'est plus difficile. Par conséquent, oui, elle marchait et pouvait tenir un crayon, un jouet, mais c'était difficile pour elle de coordonner et d'exécuter une série de mouvements. De plus, cela expliquait pourquoi elle pouvait être brusque avec les autres enfants, car elle avait des troubles sensoriels. Ainsi, ses sensations étaient soit amplifiées, soit diminuées, et ce, tout dépendant de la partie de son corps. Les joues, les mains, les jambes étaient peu sensibles, alors que les cheveux, les bras, le dos étaient très sensibles. Par exemple, parfois je tentais de lui toucher la tête doucement et elle criait comme si je lui avais arraché un bras. Cela expliquait pourquoi elle était si brusque avec les autres enfants. Les sensations dans ses mains étaient différentes. Pour en savoir plus sur la dysphasie et la dyspraxie, je vous invite à visiter le site *www.PedaGO.ca*.

Ce fut une étape très difficile pour moi et le papa de Daphnée, car nous ne savions pas ce qui nous attendait comme parents et nous étions prêts à tout faire pour réparer ces troubles neurologiques. Nous n'avions pas réalisé que ces troubles seraient présents toute sa vie. Nous pensions qu'elle pourrait guérir de la dysphasie.

Après une discussion avec l'éducatrice sur les besoins particuliers de notre fille, nous avons convenu qu'il serait préférable de la placer dans une garderie éducative où elle aurait une stimulation accrue en compagnie d'autres enfants. Le milieu familial avait été un excellent milieu, mais son éducatrice ne pouvait répondre aux besoins particuliers de Daphnée. Les ressources financières allouées pour les enfants ayant des besoins particuliers manquaient. Notre premier choix fut d'offrir un milieu de garde stimulant à notre enfant.

L'entrée en garderie éducative

L'entrée en garderie éducative fut pénible. Daphnée, bien qu'elle fût en contact avec plusieurs enfants, semblait démontrer de l'agressivité envers eux. Elle les frappait, les mordait et leur enlevait leurs jouets. Le plus étonnant était qu'elle affichait tous ces comportements en étant toujours souriante. Les émotions qu'elle démontrait ne correspondaient pas à ses actions agressives. Je crois que chaque jour nous avions des notes négatives au sujet des comportements de notre enfant, à un point tel que je n'osais plus regarder le cahier personnel de Daphnée. Je commençais à devenir anxieuse, car je voyais les autres parents me regarder drôlement ou tout simplement m'ignorer. J'entendais les enfants raconter que Daphnée était méchante. À ce moment-là, nous avions demandé un peu de soutien de la psychoéducatrice de la garderie. Souvent, on me demandait si j'avais offert un déjeuner à ma fille avant de quitter la maison. Je me sentais vraiment incomprise. Comme si je ne nourrissais pas mon enfant! J'ai vu par la suite que, lors des collations et des repas à la garderie, Daphnée avalait, s'empiffrait et même volait la nourriture des autres enfants. Je me sentais totalement démunie comme parent et je ne savais plus quoi faire. Le plus difficile était de m'avouer que moi, France Hutchison, enseignante ayant toujours travaillé auprès des enfants, je ne savais plus quoi faire avec mon propre enfant. Le comportement de ma fille était inacceptable, mais personne ne semblait trouver des façons efficaces de l'aider.

J'en étais venue à ne plus aller moi-même chercher ma fille à la garderie, car j'avais trop de peine ; j'acceptais difficilement la situation et, surtout, je n'acceptais pas ses difficultés. Les rendez-vous chez les spécialistes, les rencontres avec le personnel de la garderie, les examens pour clarifier le diagnostic étaient devenus tellement lourds à porter que j'avais énormément de difficulté à travailler. En plus, étant une femme de carrière, j'avais été acceptée dans un programme de développement du leadership au gouvernement fédéral. J'avais pris la décision de quitter temporairement l'enseignement, car je me sentais trop fragilisée par ce que je vivais avec ma propre fille. J'ai alors obtenu un poste de gestion au gouvernement fédéral. Je crois que c'était un moyen pour moi de m'esquiver de ma réalité. Mais cette dernière m'a vite rattrapée. J'ai fait une dépression nerveuse, et le temps était venu pour moi de non seulement prendre soin de mon enfant, mais aussi suivre les recommandations du médecin et me reposer. Eh oui, moi qui étais performante, je n'arrivais même plus à lire, j'étais continuellement fatiguée et j'avais perdu le goût de vivre. Je ne vivais que pour guérir ma fille et trouver des solutions pour la stimuler et lui offrir une éducation adaptée à sa condition. Je devais cependant me rendre à l'évidence, car tout ce que je réussissais à faire le jour, c'était dormir et participer aux rencontres avec les spécialistes de mon enfant. Je crois que tout cela a duré six mois. Je ne me souviens plus exactement de tout ce qui s'est produit pendant ce temps ; c'est comme si j'avais vécu ces moments en n'étant pas tout à fait présente. Tout était flou, difficile et même j'avais oublié que j'avais une vie de couple, des loisirs et que j'étais aussi France en dehors de mon rôle de mère. Bien qu'Éric m'ait soutenue, je sentais qu'un fossé s'était creusé entre nous. Par contre, il offrait beaucoup d'amour à notre petite Daphnée et c'était un peu ce qui me réconfortait, de voir qu'il l'aimait peu importe ses différences.

Des défis importants

La collaboration de la garderie avait été bonne jusqu'au jour où le changement de personnel est devenu trop fréquent. En effet, Daphnée avait besoin de stabilité et, surtout, d'une éducatrice qui comprenait bien sa problématique. Le fait de réexpliquer aux nouveaux éducateurs les difficultés de mon enfant me rendait très inconfortable. Aussi, cela a provoqué plusieurs interventions qui m'ont choquée. En effet, maintenant les éducateurs isolaient mon enfant, et ce, à mon insu. Je comprends que ces derniers avaient probablement de bonnes raisons de le faire, mais cela a provoqué un certain rejet social. Ma fille était toujours seule et, chaque soir, lorsque son papa ou moi allions la chercher, elle nous attendait à la porte de sortie, le nez collé à la clôture. Qui sait depuis combien de temps elle était là à nous attendre? Une autre fois, j'ai rencontré une éducatrice qui faisait du remplacement à la garderie. Elle avait, elle aussi, un fils qui avait des troubles du comportement. Je crois qu'elle était sensible à la condition de ma fille. Elle m'a dit que je devais sortir mon enfant de cette garderie, car les techniques utilisées pour intervenir étaient démesurées. En fait, afin que ma fille reste assise lorsqu'elle était en retrait, une éducatrice s'était assise sur elle pour la maintenir en place.

Ces informations m'avaient complètement assommée, ce qui n'a fait que renforcer ma décision. Depuis un certain temps, je me questionnais à savoir quoi faire avec mon enfant et si je devais la changer de garderie. Mais bon, où irait-elle? En plus, je venais d'apprendre que j'étais enceinte alors que je commençais à peine à me sortir de ma dépression.

Évidemment, cette nouvelle fut une grande surprise, car Éric et moi n'avions pas prévu un second enfant. Ne sachant pas vraiment les raisons de ce trouble neurologique chez ma fille, j'avais terriblement peur d'avoir un autre enfant avec des troubles similaires. De plus, j'aimais tellement Daphnée que j'imaginais mal aimer ce second bébé, d'autant plus que je me demandais où je prendrais le temps pour un autre enfant. Mais Éric et moi voulions garder ce deuxième bébé. Nous irions jusqu'au bout, l'important était d'offrir le meilleur aux deux. La grossesse s'est bien déroulée et j'avais suffisamment d'énergie. Mes craintes se situaient plutôt à l'intégration d'un nouvel enfant et comment Daphnée réagirait à l'arrivée du bébé.

L'ouverture de mon centre privé

Pendant ma grossesse, Éric et moi avions convenu de construire une nouvelle maison et nous devions faire vite. En plus, les événements survenus à la garderie nous avaient poussés à agir! J'ai rassemblé toute l'énergie du désespoir que j'avais et j'ai demandé à mon conjoint de déménager et d'ouvrir un centre pour des enfants comme ma fille. C'est d'ailleurs ce manque de ressources qui m'a fait réagir au point où j'ai décidé d'ouvrir mon propre service de garde. Et c'est ce que nous avons fait. Nous avons mis en vente notre maison et nous avons démarré le projet de ce qui allait devenir le Centre Harmonie. J'avais en tête de développer un centre éducatif qui serait aussi notre résidence. Nous avions choisi un emplacement à la campagne dans un coin tranquille. Nous avons alors acheté un terrain ; ma belle-sœur, la marraine de Daphnée qui est architecte, a fait les plans basés sur les besoins de ce centre. Bref, la maison a été construite en quatre mois; nous avons alors emménagé dans cette nouvelle demeure en juin, j'ai accouché de mon second enfant en juillet et le centre a ouvert ses portes en septembre pour accueillir les enfants. Je sais que tout cela paraît irréel, car les délais étaient très serrés, mais notre motivation était d'offrir un milieu éducatif et, surtout, un milieu stimulant à notre fille. Éric a travaillé énormément pour que tout soit prêt à temps. C'était sa façon à lui d'offrir ce qu'il y avait de mieux à nos filles, car Chloé est née le 6 juillet 2003.

Tout s'est fait très vite et j'ai pu ouvrir une classe prématernelle. La mission de mon centre était de favoriser l'intégration des enfants à besoins particuliers. J'avais alors des enfants qui ne présentaient aucune difficulté, bien au contraire, ils étaient même surdoués, et j'intégrais des enfants comme Daphnée. Le Centre Harmonie fut pour moi un véritable lieu d'expérimentation de diverses techniques d'éducation. J'avais engagé des éducateurs et, une fois par semaine, un ergothérapeute et un orthophoniste venaient offrir des séances de rééducation aux enfants à besoins particuliers, mais aussi offrir de la formation continue à mes éducateurs. La formule fut gagnante et Daphnée fit de grands progrès. Des progrès qui, selon moi, étaient toujours plus lents que mes attentes, mais je crois que c'était vraiment la partie que j'avais à accepter. Ma fille progressait à son propre rythme et bien que j'aie voulu la stimuler dans son développement, je ne pouvais accélérer les apprentissages comme je l'espérais. Je devais respecter les limites de son cerveau. Entre-temps, j'avais presque oublié que j'avais une autre fille, Chloé. J'avais énormément peur d'avoir un deuxième enfant comme Daphnée. Je voyais bien toute l'énergie que me demandait son handicap et je ne savais pas si j'en aurais encore suffisamment pour un autre enfant ayant des besoins spéciaux. C'est lorsque j'ai eu Chloé que j'ai compris et accepté le rythme de Daphnée. Chloé, qui ne présentait aucun signe de difficultés, avait un développement normal et apprenait facilement. Tellement que c'était comme si tout lui venait naturellement et que je n'avais pratiquement rien à faire. Simplement suivre son développement, ce qui rendait tout plus facile pour moi en tant que parent. C'est à ce moment que j'ai compris que ce n'était pas moi qui étais responsable des difficultés de Daphnée. Je me suis soulagée d'une grande pression et ce fut un autre pas vers l'acceptation des retards de Daphnée. Chloé m'a grandement aidée dans tout ce processus.

Les défis qui nous font grandir : une séparation

Un autre événement significatif dans nos vies fut la séparation. Éric et moi avions perdu notre vie de couple. Tout dans la famille tournait autour de Daphnée. Tellement, que nous avions perdu nos loisirs, nos amis, et même notre famille élargie devenue moins présente. Cette séparation est survenue lorsque Daphnée avait quatre ans. Chloé était encore bébé lorsque nous avons décidé de rompre cette union de 12 ans. Ce fut une étape difficile pour nous tous, mais notre énergie était tellement centrée sur les défis de notre fille que nous avions perdu le désir de nous côtoyer. Ma plus grande crainte était de savoir comment Daphnée s'adapterait à ces changements. Nous avions alors adopté la formule où les enfants resteraient à la maison pendant que nous partagerions la garde dans la maison une semaine sur deux. Cette formule a fonctionné pendant un temps, puis nous avons décidé qu'un de nous deux devait s'installer dans un autre lieu. En conséquence, nous avons adopté une garde de trois jours avec un parent et quatre jours avec l'autre, et ce, pendant plusieurs mois. Cela a grandement aidé les enfants à s'adapter à notre nouveau style de vie, bien que je croie que cette entente aidait plutôt les parents, car pour moi, passer trois jours sans mes enfants me semblaient terriblement long. Malgré tout, nous en sommes sortis indemnes. Les moments passés sans mes enfants étaient devenus des moments de répit, car, avouons-le, nous en avons grandement besoin quand il s'agit d'éduquer un enfant avec de nombreux troubles du comportement. Par la suite, nous avons modifié notre horaire de garde à une semaine sur deux. Les enfants ont rapidement compris comment fonctionnait la garde partagée, et la nouvelle routine est vite rentrée dans l'ordre. Avec du recul, je crois que cette séparation a été une façon de survivre à tous les défis que nous avions à surmonter. Nous avions perdu tellement de nos ressources, de notre énergie, que vivre ensemble était devenu plus pénible que rester seuls. Je ne crois pas qu'il soit nécessaire de se séparer lorsque nous avons un enfant handicapé. Le couple peut survivre et même devenir plus fort ; il s'agit de savoir quand et comment intervenir pour préserver la relation de couple. Les apprentissages réalisés au cours de cette expérience que fut la séparation vous seront partagés un peu plus loin.

Un des éléments difficiles dans le fait de vivre seule fut de réaliser que je n'avais pas de temps à moi, ou je devais continuellement surveiller les enfants. Cela signifiait que, lorsque je voulais prendre une douche, il m'était presque impossible de le faire sans emmener les enfants dans la salle de bains. Et là, c'était la course, car laisser Daphnée seule, même à quelques pas de moi, pouvait signifier danger. Je me souviens d'un événement où elle était montée sur le bord du bain et avait glissé pendant que j'étais sous la douche. Sans compter les fois où elle mordu sa sœur ou lui a lancé un jouet pendant le court temps où j'étais sous la douche. En somme, ces moments de stress me rappelaient continuellement que je devais trouver du soutien et que ça ne pouvait pas continuer ainsi.

La vie de famille reconstituée

Cette expérience de séparation m'avait amenée à me questionner sur la façon dont je referais ma vie avec un homme alors que j'étais à ce point absorbée par les défis de mon enfant. Selon moi, je ne trouverais pas un seul homme qui accepterait et comprendrait les défis auxquels je faisais face. De plus, je ne voulais pas avoir à gérer les comportements différents d'un autre homme et, possiblement, me sentir jugée par lui. Bref, je sentais que j'étais condamnée à vivre seule, du moins jusqu'à ce que ma fille soit autonome. Si un jour elle le devenait...

Eh bien, la vie m'a apporté un autre cadeau.

Un jour, ma mère me dit: « France, il y a cet homme qui est chroniqueur à la radio. Tu devrais l'écouter. Il semble une personne ayant de belles valeurs. »

Ma réponse fut: « Oui, oui, je vais l'écouter à un moment donné. Mais présentement, je n'ai pas vraiment le temps de rencontrer un autre homme et, surtout, de tout lui expliquer à propos des différences de ma fille. »

Le message avait passé, mais ma tête n'en était pas à l'étape de trouver un partenaire de vie. Je n'ai écouté la chronique que quelques mois plus tard. Je me souviens très bien, c'était un samedi matin. Les filles étaient à bord de ma fourgonnette et, normalement, je ne peux écouter la radio, car elles sont trop bruyantes. Par contre, ce samedi-là, j'avais bien organisé le tout. Les enfants avaient des collations dans la voiture et, oui, j'ai dû ramasser un dégât par la suite. Mais les filles étaient bien occupées et je pouvais finalement écouter la chronique sans être dérangée, ou presque. Lorsque j'ai entendu la voix de cet homme, j'ai tout de suite senti qu'il était quelqu'un d'extraordinaire. J'ai senti dans sa voix une douceur, un calme et, surtout, de la bonté. J'ai alors fait des démarches pour le rencontrer. Par contre, étant habituellement assez fin stratège, je voulais lui parler d'un projet pour les enfants différents et, puisqu'il était sur le Web et dans les médias, il serait un allié extraordinaire. Vous savez, ce n'était finalement qu'un prétexte pour le rencontrer et vérifier si nous pourrions avoir une belle complicité. Nous avons finalement vécu cette première rencontre dans un petit café où je lui ai fait part de ma vision du projet. Ironiquement, il écoutait plus ou moins. Je crois qu'il sentait que mon projet était tout autre et qu'intérieurement, je lui proposais plutôt un projet de vie. Je lui ai partagé le fait que j'avais une enfant dysphasique.

Incroyablement, il avait un meilleur ami qui, lui aussi, avait un tel enfant. Il connaissait tous les différents comportements et semblait bien comprendre ma réalité. Tout a cliqué entre nous. J'ai rencontré sa fille, Jazz, au cours des semaines suivantes, et nous nous sommes graduellement fréquentés. Tous les membres de la famille semblaient bien s'adapter à la situation. Même Daphnée a tout de suite aimé cet homme, Yannick. J'étais surprise que tout se passe aussi bien. En quelques mois, j'ai donc vendu ma maison à la campagne, fermé le Centre Harmonie, car je n'étais plus capable de le gérer et j'ai orchestré ma réalité familiale. De plus, Daphnée entrait à la maternelle, alors c'était pour moi logique de passer à une autre étape.

J'ai donc emménagé dans une maison sur la même rue que Yannick. À mes yeux, il était important de ne pas jumeler les deux familles, surtout que ma dynamique familiale était différente à un point tel que cela aurait probablement ajouté un stress sur nous tous.

Nous avions donc un scénario idéal. Je vivais avec mes filles, nous nous visitions occasionnellement et les enfants avaient la chance de s'adapter. Et quand elles partaient chez leur père, je pouvais vivre chez Yannick et Jazz. Nous avons fonctionné selon cette méthode pendant trois ans, ce qui était parfait pour nous tous. Cette formule de garde partagée avec Éric, le papa de Daphnée et Chloé, me permettait de me reposer, car j'étais complètement épuisée quand les deux filles quittaient pour visiter leur père. Ma semaine avec Yannick et Jazz me permettait de récupérer et de vivre normalement. Tranquillement, je pouvais retrouver un certain équilibre de vie, réapprendre à m'amuser sans mes enfants et, surtout, penser à autre chose que les difficultés de Daphnée. Je pouvais aussi me concentrer sur mes projets et ma carrière, ce que je tentais de faire, mais avec l'énergie qu'il me restait.

Après ces trois années de fréquentation et d'adaptation, nous allions emménager ensemble, car les trois filles étaient prêtes à vivre cette transition. Nous avions tous eu la chance de nous connaître et, surtout, de prendre le temps de nous adapter à nos vies, à nos styles de gestion familiale et à nos règles. Avant notre emménagement ensemble, Yannick et moi avons alors redéfini nos règles et partagé nos visions communes de ce que nous voulions pour nos enfants, notre couple et notre futur.

Je peux maintenant vous affirmer que c'est possible de se refaire une vie en famille reconstituée. C'est possible de se refaire une vie malgré le fait d'avoir un enfant différent. J'ai eu la chance de trouver un être exceptionnel, à la fois très différent de moi. Mais Yannick m'apporte l'équilibre, la stabilité et, surtout, il m'aide à comprendre la réalité de Daphnée. Il est d'un soutien exceptionnel pour nous tous. Jazz et Yannick ont été un beau cadeau pour Daphnée, Chloé et moi. Je crois que, de notre côté, nous leur apportons une autre expérience différente et, surtout, une sensibilisation aux différences et le témoignage que dans la vie rien n'est parfait.

La création de Pedago.ca

Une fois que j'ai pu stabiliser ma vie familiale, j'ai voulu continuer à partager mes connaissances avec d'autres parents et, surtout, échanger avec eux sur ma réalité. C'était en quelque sorte une autre façon de me bâtir un réseau de contacts. J'ai donc adhéré à une association pour parents d'enfants dysphasiques... pour me retrouver rapidement à la présidence. Ce fut une expérience incroyable et valorisante. Ce passage m'a amenée à vouloir poursuivre ma contribution au monde de l'enseignement et, surtout, voyant la détresse des parents d'enfants différents, leur offrir soutien et conseils. Mon projet fut de lancer *Pedago.ca*, un portail d'informations, de conseils, de formations et, surtout, d'accès à des spécialistes pour les enfants, les parents, ainsi que des formations pour les enseignants. Ce projet est en constante évolution et continuera sa mission auprès des enfants différents, car je suis convaincue que, si nous offrons les bons outils, conseils et formations aux parents, intervenants et enseignants, ce sont les enfants qui en bénéficieront. Je vous invite à me partager votre vision et vos besoins car Pedago.ca est là pour répondre à vos questions.

Mon intention pour vous

Tous ces apprentissages façonnent nos vies. Sur le plan professionnel, mon expérience en garderie m'a permis de parfaire mon expérience d'éducatrice, d'apprendre diverses techniques spécialisées pour enfants différents, mais aussi de développer mes habiletés de collaboration avec d'autres éducateurs, spécialistes et, surtout, de composer avec des parents qui, comme moi, étaient dans le processus d'acceptation de la condition de leur enfant. C'est d'ailleurs le fruit de ces expériences que j'aimerais vous offrir. Selon moi, toutes les épreuves qui sont sur notre chemin deviennent une source d'inspiration et d'apprentissage. Je crois sincèrement que nous avons la chance de grandir dans les épreuves et, surtout, de nous développer en tant qu'êtres humains. Ce parcours n'est pas facile, mais il est tellement enrichissant.

Si vous lisez présentement ce livre, c'est probablement parce que vous êtes aussi parent d'un enfant différent ou parce que vous côtoyez un tel parent. Maintenant, vous connaissez l'histoire de mes débuts comme parent d'un enfant à besoins particuliers. Ce fut un chemin parfois très cahoteux! Mais, c'est dans ce défi que j'ai découvert ma mission, que je me suis perfectionnée en coaching et en techniques de gestion du stress par le yoga. J'ai aussi créé Pedayoga qui se veut une technique de yoga pour les enfants. Ce projet, ce sont mes enfants qui me l'ont inspiré et c'est par leurs enseignements que j'ai pu découvrir ma mission de vie. J'ai redéfini mes valeurs, car je ne pouvais pas vraiment continuer à simplement mettre mon énergie dans mon travail. Parfois, c'est en faisant des erreurs et aussi en découvrant des trucs que j'ai trouvé la force et les ressources nécessaires.

Maintenant, c'est à mon tour de partager ce que j'ai appris et de vous guider le long du chemin qui est devant vous. La prochaine section de ce livre vous aidera à traverser ces moments difficiles. Que vous soyez parent, intervenant ou spécialiste, ce livre vous ouvrira de nouveaux horizons, vous permettra de développer vos aptitudes à voir ce défi comme une opportunité et, avant tout, de vous aider à trouver vos ressources sans vous épuiser. Après tout, si vous voulez faire une différence dans la vie des enfants ayant des besoins particuliers, je crois que c'est par la compréhension de ce qui se passe dans vos réalités respectives que vous pourrez faire un changement dans votre vie et dans celle de votre enfant.

Vous noterez dans les sections suivantes « Le mot du coach » où je vous propose des zones de réflexion ainsi que des questions qui vous aideront à réfléchir sur votre réalité et celle que vous désiriez tant. Il est important pour vous de répondre à ces questions afin de vous amener un peu plus loin et, en particulier, de vous permettre de créer votre vie rêvée. En effet, je crois que, peu importe les défis, vous pouvez être heureux tout en surmontant ces défis. Vous pourrez ainsi faire une différence réelle dans la vie des enfants.

2

L'IMPACT DANS NOS VIES, DES ÉMOTIONS QUI NOUS FONT GRANDIR

L'enfant handicapé

J'ai lu, pour la première fois, le texte « Bienvenue en Hollande », que je vous livre à la page suivante, quand Daphnée avait moins de un an. Je savais dès ce moment-là que ma fille était différente même si je ne connaissais pas son diagnostic. C'est alors que j'ai compris que mon voyage ne serait pas le même que celui des autres parents.

Vivre comme parents avec un enfant dont les besoins sont différents est, selon moi, un défi très difficile à surmonter. Ces besoins nous demandent de constamment travailler sur nous et d'être plus forts afin de ne pas sombrer dans le découragement. Il faut toujours avoir en tête, et dans notre cœur, que notre enfant saura se faire une place dans notre société. En tant que parents, nous avons la responsabilité d'éduquer notre enfant et aussi de devenir le porte-parole de ses besoins.

UNE MÉTAPHORE : *BIENVENUE EN HOLLANDE*

On me demande souvent de décrire mon expérience de parent d'un enfant handicapé pour essayer d'aider les gens qui n'ont jamais vécu cette expérience à la comprendre, et à imaginer comment ils pourraient la ressentir. J'aimerais y arriver...

Quand vous allez avoir un bébé, c'est comme préparer un fabuleux voyage de vacances en Italie. Vous achetez plein de guides de voyage et vous faites de merveilleux plans — le Colisée, le David de Michel-Ange, les gondoles de Venise. C'est très enthousiasmant.

Après des mois de préparation, le grand jour arrive. Vous fermez vos valises et vous partez. Plusieurs heures plus tard, l'avion atterrit. L'agent de bord vient vous voir et vous dit : « Bienvenue en Hollande. »

« Hollande ? dites-vous. Qu'est-ce que cela signifie ? J'ai signé pour l'Italie. Toute ma vie, j'ai rêvé d'aller en Italie. »

« Mais il y a eu un changement dans le plan de vol. Nous avons atterri en Hollande et vous devez rester ici. »

La chose la plus importante est qu'on ne vous a pas amené dans un endroit horrible, dégoûtant, pestilentiel et malsain. C'est seulement un endroit différent.

De plus, vous devez aller acheter de nouveaux guides de voyage et apprendre une nouvelle langue. Vous allez rencontrer toutes sortes de gens que vous n'aviez jamais rencontrés auparavant.

C'est seulement un endroit différent. C'est plus calme qu'en Italie, moins étincelant et flamboyant. Mais quand vous aurez passé un peu de temps ici, et retrouvé vos esprits, vous regarderez autour de vous et vous commencerez à remarquer que la Hollande a des moulins, la Hollande a des tulipes, et la Hollande a même Rembrandt.

Mais tous les gens que vous connaissiez reviennent d'Italie et tous vous racontent les moments merveilleux qu'ils y ont passé. Pour le reste de votre vie, vous direz: « Oui, c'est là que j'étais supposé aller. C'est ce que j'avais prévu. »

Le chagrin de ce voyage manqué ne disparaîtra jamais parce que la perte d'un rêve est une énorme perte. Mais si vous passez le reste de votre vie à ressasser le fait que vous n'êtes pas allé en Italie, peut-être que vous ne serez pas libre de profiter du très spécial, très profond et très beau moment que vous avez passé en Hollande.

Cet article a été publié par l'Association Jennifer Trust for SMA (UK) dans la revue Holding Hands *en 1992 et réédité en août 1997.*

Le texte serait de Emily Perl Kingsley, *Il est traduit ici librement de l'anglais.*

> *« Veux-tu vivre heureux? Voyage avec deux sacs, l'un pour donner, l'autre pour recevoir. »*
>
> — GOETHE

Cette citation de Goethe fait maintenant plein de sens pour moi. Depuis que j'ai entrepris ce voyage en Hollande, j'ai compris ce que voulait dire *recevoir* et particulièrement comment *redonner*. Le plus difficile, c'est souvent de recevoir l'aide, la compassion, et ressentir le regard intrigué des autres. Pour apprendre à recevoir, il suffit d'accepter les étapes du deuil. Le fait d'avoir un enfant handicapé est rempli d'émotions et d'étapes d'acceptation. Un parent a toujours des rêves pour son enfant. Nous avons des espoirs et nul ne s'attend à avoir un enfant qui a des troubles d'apprentissage, une maladie ou des troubles du comportement. Au contraire, nous voulons tous un enfant parfait! La réalité est que, pour les troubles d'apprentissage seulement, 10 % des enfants en souffrent d'une quelconque façon, cela sans compter les enfants qui ont un handicap ou autres maladies. Par conséquent, ces parents ont un processus de deuil auquel ils doivent faire face.

Le processus de deuil

> *« Ce que l'on crée en soi se reflète toujours à l'extérieur de soi. C'est là la loi de l'univers. »*
>
> — SHAKTI GAWAIN

Reprenons le processus de deuil selon Charles Gardou. D'après lui, il est difficile de placer de façon linéaire les étapes du deuil, mais voici celles que j'ai vécues et qui sont bien résumées par cet auteur. Vous remarquerez que ces étapes résument bien les émotions des parents et c'est à ce niveau que je voulais vous sensibiliser. En effet, il nous est tous difficile, lorsque nous vivons des émotions intenses, d'agir avec discernement. Il arrive donc parfois que les réactions que vous constatez chez certains parents sont explicables par les étapes et émotions qu'ils vivent sans que vous le sachiez.

▸ *Ce que les parents vivent intérieurement*

FACE À L'ANNONCE

Que ce soit parce que nous apprenons le diagnostic formel ou bien parce que nous reconnaissons que notre enfant présente des retards de développement, nous vivons tous ces émotions dans un ordre différent pour chacun de nous. Ce processus de deuil, bien que nous réussissions à atteindre un certain équilibre, n'est jamais entièrement achevé, car le développement de l'enfant ouvre et ferme sans cesse certaines possibilités. Par conséquent, le processus de deuil est continu et fluctue selon les étapes du développement de l'enfant.

Plusieurs sentiments peuvent être vécus, dont: la colère, la tristesse, le déni, l'incompréhension, la détresse, le désarroi, le blâme, la culpabilité, le sens et le sentiment de responsabilité, la recherche du coupable, la recherche d'information, la peur de ce qui nous attend, *etc*.

Pour ma part, ces émotions ne se vivent pas seulement lorsque nous apprenons le diagnostic. Je crois que je navigue dans tous ces états émotifs à travers divers moments ou différentes étapes de la vie de mon enfant. Il est vrai que ce fut beaucoup plus intense lorsque j'ai reçu la nouvelle, mais à chaque étape de développement où je réalise que ma fille n'accomplit pas ce qu'elle devrait faire à son âge, je revis quelques-unes de ces émotions. Pour ce qui est du papa de Daphnée, ce dernier a vécu ces émotions, mais à des degrés différents des miens. Il est longtemps resté accroché à l'émotion de la colère. Par contre, il est important ici de ne pas généraliser les réactions des parents. Nous sommes tous différents et nous avons des réactions diverses. Ce qui est important, c'est de ne pas rester seuls et, surtout, de verbaliser ce que nous ressentons. Il s'agit de laisser sortir de nous ces émotions et, parfois, l'écriture fait du bien!

LES BESOINS FACE À L'INFORMATION

• *Le besoin de tout comprendre et parfois le désir de ne rien entendre*

Dans mon cas, cela se résumait au fait que je voulais tout savoir sur ce qu'était la dysphasie. Je lisais, je regardais des reportages sur la dysphasie, mais je trouvais difficile le fait de voir et de concevoir que ma fille serait comme les enfants que les reportages me présentaient. Je ne voulais pas accepter la condition de ma fille. Je refusais d'entendre ce que les spécialistes me disaient à propos des problèmes de mon enfant. Cela se traduisait aussi par une peur d'interroger, car parfois, plus j'en apprenais, plus je réalisais à quel point les difficultés de mon enfant auraient un impact profond sur ma vie, mon équilibre familial, ma vie de couple, mes amitiés, ma vie professionnelle.

• *Le besoin d'avoir du temps et la peur d'en prendre*

Dans mon cas, j'avais besoin de prendre du temps pour comprendre, lire, discuter avec les intervenants, mais la peur surgissait lorsqu'il m'était difficile d'assimiler et de vivre avec les émotions qui montaient en moi lorsque j'entendais des commentaires ou des informations au sujet du comportement différent de Daphnée. J'avais peur aussi de prendre du temps pour simplement vivre et accepter. En effet, bizarrement, je croyais que, si j'acceptais, cela nuirait au développement de ma fille. Pour éviter de prendre le temps d'accepter, je comblais avec ma vie professionnelle, et des activités s'ajoutaient à mon calendrier afin que je ne sois pas seule avec moi-même et que je doive vivre avec mon deuil, mes émotions.

• Le besoin d'écoute

Bien que je me sois isolée pendant plusieurs mois et que même mes fréquentations aient grandement changé, j'avais besoin de parler avec d'autres parents et d'avoir des ami(e)s qui écouteraient mon désarroi. J'ai tenté à plusieurs reprises d'en parler avec des parents, mais ces derniers, n'ayant pas d'enfants avec des besoins particuliers, ne comprenaient pas ma peine. Parfois dans nos échanges, je me sentais importunée, je jugeais de la banalité des inquiétudes des parents qui avaient, selon moi, des enfants parfaits. L'écoute des parents qui, comme moi, avaient des enfants différents m'a grandement aidée. J'avais besoin de gens qui comprenaient ce que je vivais et qui m'offraient leur compassion. J'ai aussi ressenti le besoin d'écouter les spécialistes. Leur écoute m'a été d'une grande utilité, surtout lorsque ces derniers m'ont accompagnée dans le processus d'acceptation de la condition de ma fille.

Pour vous amener un peu plus loin à comprendre ce qu'est un deuil, j'ai demandé à une collègue thérapeute en deuil de vous l'expliquer. Lorraine Séguin est devenue non seulement une collaboratrice à Pedago.ca, mais maintenant une amie. Nos conversations sont toujours colorées et, surtout, m'aident grandement dans mon processus d'acceptation, car ce deuil se vit au quotidien. Voici ce qu'elle nous raconte:

« Le deuil de l'enfant parfait, c'est un processus nécessaire qui nous permet de dire adieu à l'image idéalisée que nous, parents, avons de notre enfant afin de nous préparer à le voir dans sa réalité et pour la personne unique qu'il est.

Le deuil est un processus naturel et les étapes sont généralement toujours les mêmes. Il arrive qu'une étape ne soit pas vécue, dépendant de la situation et de la personne qui la vit. Le processus psychologique que je vous propose est celui que j'ai expérimenté pour arriver à l'acceptation de la différence de mon garçon. Je me suis inspirée des cinq étapes du deuil de Elisabeth Kübler-Ross en y ajoutant une étape, soit celle de la honte que j'ai expérimentée dans mon propre processus de deuil.

LES SIX ÉTAPES DU DEUIL D'UN ENFANT DIFFÉRENT

1- LE CHOC, DÉNI

Le déni est le premier stade. C'est le choc, et celui-ci s'exprime souvent par une négation et le refus global d'accepter mais surtout de voir la réalité. Cette réalité, c'est refuser de voir que notre enfant est différent, qu'il a un retard, une difficulté quelconque ou un handicap.

Je vous partage mon expérience en tant que maman d'un garçon différent. Dès l'âge de sept mois, j'ai banalisé le retard de motricité fine de mon garçon en disant qu'il avait son propre rythme, car tous les enfants sont différents. Effectivement, les enfants sont différents, ils ont un rythme unique, mais je banalisais pour dénier ma réalité, car j'avais peur de la différence.

Évidemment, ces réactions de dénégation portent à mentir. Moi aussi, je me suis menti à moi-même et plus je me mentais, plus je me nuisais et je nuisais au développement de mon garçon. En me cachant la vérité, je ne souffrais pas. Le déni est une réaction instinctive et naturelle pour se protéger de la douleur de la perte de l'image idéalisée de notre enfant. Celle-ci nous protège jusqu'à ce que nous soyons en mesure de rassembler les ressources nécessaires pour y faire face et elle nous empêche de toucher à cette émotion mal-aimée de tous, la colère.

2 - LA COLÈRE

La colère arrive une fois que nous avons accepté de ne plus dénier la perte de l'image idéalisée de notre enfant. Nous savons que notre enfant n'est pas comme les autres! La colère peut se vivre de façon raisonnable ou déraisonnable. Soit que nous la tournons vers nous ou vers l'autre en la déversant sur tout et tout le monde, soit que nous reprochons aux autres ou à soi-même la situation, et on se demande ce qu'on a fait. Alors, s'installe la culpabilité. Les parents se sentent responsables de cette différence.

Mon expérience personnelle à cette étape a été de me remettre en question et de ressentir de la culpabilité. Qu'est-ce que j'ai pu faire pour qu'il soit différent? Était-ce dû au vin que j'ai bu avant de savoir que j'étais enceinte? Je cherchais des réponses, des raisons, car je croyais que j'étais responsable des difficultés de mon enfant et je me sentais coupable. Cela m'a amenée à toucher à mon sentiment de honte qui est l'étape suivante.

3 - LA HONTE

Cette étape s'installe chez le parent qui porte le sentiment de honte. Tant et aussi longtemps que le parent fuit son malaise de honte face à la différence de son enfant, il restera dans la colère, car celle-ci lui permet de fuir ce sentiment inconfortable.

Qui porte la honte? Tout parent qui se demande à lui-même d'être parfait et qui donne beaucoup d'importance au regard des autres. En effet, si, en tant que parent, vous vous demandez d'être parfait, vous toucherez au sentiment de honte, car l'image idéalisée de votre enfant s'effondre et vous vous sentez impuissant face à cette différence. Comme parents, nous vivons de la honte face aux autres et au jugement négatif porté envers notre enfant, car nous n'assumons pas cette différence!

4 - LE MARCHANDAGE

C'est une étape où on s'épuise pour ne pas voir la réalité, on négocie avec soi-même, avec une autre personne. On essaie de retarder la réalité par différents moyens et en faisant du marchandage, soit avec d'autres personnes, soit avec divers professionnels, soit avec des prières, dépendammet de nos croyances, ou même avec notre enfant: « Si je couche mon garçon qui a un déficit d'attention plus tôt le soir, il pourra davantage se concentrer à l'école. » Ce marchandage nous permet de ne pas vivre la perte de l'image idéalisée de notre enfant.

5 - LA DÉPRESSION, LA TRISTESSE

Elisabeth Kübler-Ross mentionne la dépression comme une réaction normale avant de passer à l'acceptation. La tristesse profonde arrive lorsque nous décidons de ne plus nous cacher la vérité face à la différence de notre enfant. Nous acceptons de vivre notre peine, de voir que notre enfant ne répond pas à l'image de l'enfant que nous avions imaginée. C'est le chagrin, celui que nous avons tellement évité. C'est à cette étape que le parent peut se sentir seul. La tristesse fait place aux larmes et à la souffrance en toute humilité et elle disparaît à la dernière phase du processus, celle de l'acceptation.

6 - L'ACCEPTATION

Enfin, nous y sommes arrivés! Nous acceptons maintenant de vivre avec la réalité, ce qui nous amène à l'ouverture d'être aidés par des professionnels spécialisés et d'aider notre enfant à accepter sa différence. Nous sommes en paix avec ce qu'il est. La différence de notre enfant ne nous gêne plus, nous nous sentons à l'aise vis-à-vis de cette image réelle. Lorsque nous acceptons la réalité, nous sommes libres! Libres d'aller de l'avant, libres de prendre des décisions qui s'imposent face à nous-mêmes et face à notre enfant. Nous avons accepté la nouvelle situation, les changements et nous pouvons croire que cette expérience nous a fait grandir. »

❊ LE MOT DU COACH

Ce qui aide les parents dans le processus d'acceptation:

- *La compréhension de là où nous nous situons dans les étapes du deuil;*
- *L'écoute et la présence des autres;*
- *Le non-jugement des habiletés parentales et le regard positif des habiletés de l'enfant;*
- *Le soutien de l'entourage (famille, ami(e)s, éducateurs, spécialistes, etc.;*
- *La reconnaissance de la souffrance des parents;*
- *L'acceptation par l'entourage de l'enfant;*
- *La qualité de réponse et l'accompagnement des spécialistes.*

Pensez aux étapes du deuil et situez-vous dans le temps.

- *À quel moment est survenue votre première étape du deuil?* ....
  ....
  ....
- *Où étiez-vous? Qui était présent?* ....
  ....
  ....
- *Quelles étaient les émotions ressenties?* ....
  ....
  ....

En ressentant ces émotions, prenez conscience que vous avez le droit de vivre chacune de ces étapes. Acceptez-les, cette ligne du temps est normale et vous avez le droit d'éprouver ces émotions.

3

DES TRUCS ET CONSEILS POUR MIEUX VIVRE AVEC CE DÉFI

Premier conseil : demandez de l'aide !

Il n'est pas toujours facile de demander de l'aide. Par contre, voici différentes façons pour vous aider tout au long de ce cheminement d'acceptation. Pour ma part, je me suis épuisée à tenter de résoudre moi-même tous les défis liés à mon enfant. À certains moments, il faut savoir lâcher prise et laisser les autres vous aider.

Voici donc quelques suggestions qui pourraient vous aider. Il est évident que la famille et votre entourage immédiat sont des aidants à considérer. Cependant, parfois ils ne comprennent pas tout à fait ce que nous vivons, car ils ne vivent peut-être pas avec un enfant différent. Dans mon cas, toutes mes amies avaient un enfant qui était soi-disant normal. Pour moi, c'était plus douloureux de les côtoyer, car je voyais bien que leur enfant fonctionnait très bien. Il était même parfois difficile d'entendre les petits tracas de mes amies, car leurs petits défis étaient très différents de ceux de mon enfant. Bien au contraire, j'aurais souvent changé de place avec elles afin de leur faire vivre une seule journée dans mes souliers et voir comme il est difficile d'éduquer un enfant différent. Je ne leur en veux pas, mais il est évident que notre relation a changé, car même lors des activités avec d'autres familles, à plusieurs reprises mes amies ne comprenaient pas pourquoi mon enfant agissait bizarrement.

C'est donc la raison pour laquelle j'avais besoin de rencontrer d'autres parents qui avaient, eux aussi, un enfant différent. Je me sentais comprise et, surtout, je savais qu'ils ne jugeraient pas les comportements de ma fille.

J'ai donc participé à des groupes de soutien pour parents. Cela m'a aidée à voir que je n'étais pas seule et, surtout, le fait de partager ma tristesse avec les autres parents m'a aussi grandement soulagée. Je vous ferai part un peu plus loin de la façon dont vous pouvez développer votre réseau de soutien. Vous verrez une technique toute simple qui pourrait vous amener à visualiser les ressources dont vous aurez besoin et celles-ci se concrétiseront dans votre vie.

Mais avant cela, continuons avec l'impact sur votre famille, votre couple et votre entourage. Il est important pour vous de saisir que vous n'êtes pas seul et que vous pouvez appliquer certains trucs qui pourront vous aider à mieux vivre avec ce défi.

▸ *Famille immédiate... les frères et sœurs*

J'ai côtoyé plusieurs parents d'enfants ayant des besoins particuliers qui ne veulent plus d'autres enfants à la suite du diagnostic. Je crois que nous vivons tous cette première réaction et c'est possiblement une décision logique que prennent certains couples. Dans mon cas, c'est probablement le choix que j'aurais fait si je n'avais pas appris en même temps le diagnostic de dysphasie de ma fille et la nouvelle que j'étais enceinte de mon deuxième enfant.

Cette deuxième grossesse a fait surgir de grandes craintes. L'idée d'avoir un second enfant ayant les mêmes difficultés me terrifiait. En effet, je savais que cela pourrait aussi bien se produire et j'avais tellement peur de ne pas avoir suffisamment d'énergie pour éduquer un autre enfant comme le premier. En plus, si ce deuxième serait soi-disant normal, quel en serait l'impact sur ma fille aînée qui a des troubles? Comment vivrait-elle le fait que sa sœur ou son frère la dépasserait un jour ou l'autre au niveau académique? De plus, ne sachant pas le sexe du deuxième enfant, je souhaitais plus que tout que ce soit un garçon, car je ne voulais pas qu'on compare les deux filles. Eh bien, vous devinez quoi? La vie m'a donné une autre fille! Chloé, que j'avais tant espéré être un garçon, était cette jolie fille venue pour nous aider. Maintenant, je peux vous assurer que toutes ces craintes n'étaient pas fondées, car Chloé est le plus beau cadeau que Daphnée a eu! C'est grâce à Chloé que Daphnée a des ami(e)s, c'est Chloé qui encourage sa sœur, qui la soutient et qui la protège. Eh oui, Chloé a appris à vieillir un peu plus vite que les autres enfants de son âge. Mais c'est aussi sa vie, sa réalité, et je crois que cette vie la rend vraiment heureuse, car elle désire constamment être avec sa sœur, et ce, malgré tous les troubles du comportement de Daphnée. Alors, pour moi, Chloé est un beau petit cadeau et elle nous aide énormément!

▸ *Le couple dans tout ça!*

Déjà, le fait d'avoir un enfant est un choc pour le couple. Chacun doit faire une place pour ce petit trésor, sans oublier qu'une place doit être préservée pour le couple afin de garder les liens solides entre les parents. Par expérience, Éric et moi avons négligé cet aspect et cela a eu un impact sur le lien que nous avions ensemble. À un certain moment, la communication était tellement difficile entre nous que nous nous sommes perdus de vue et il était devenu plus pénible de vivre ensemble que de se séparer. Je vous invite à ne pas faire cette erreur; si vous tenez à votre couple, vous devez accorder une grande importance à vos moments de répit et de reconnexion en couple.

Lorsque vous recevez le diagnostic, demandez à votre conjoint comment il vit cette situation ou cette nouvelle. Ensemble, partagez vos émotions. Exprimez et communiquez vos besoins, vos désirs, votre tendresse à votre conjoint! Revenez à l'essentiel. Parfois, j'ai complètement perdu de vue cet essentiel qui est de démontrer mon amour pour ma famille et mon conjoint, tellement absorbée que j'étais par la condition de ma fille. Prenez le temps de revenir aux petits plaisirs quotidiens et à ce qui vous procure de bons moments.

Jacques Salomé explique bien comment la relation doit être tissée entre deux personnes, en utilisant un ruban. Ce ruban est tenu par les deux personnes du couple. Si l'une des deux laisse tomber la relation (symbolisée par le ruban) par manque d'attention, par manque de temps ou d'intérêt, alors le lien est brisé. Il faut continuellement entretenir la relation en y ajoutant des marques d'affection, des mots doux, des loisirs en commun. Si, au contraire, nous argumentons continuellement et nous ne nourrissons pas la relation, alors le ruban sera trop difficile à tenir et, tôt ou tard, il cèdera, ou l'un des deux partenaires lâchera ce lien.

❊ LE MOT DU COACH

- *Dessinez ou visualisez votre ruban qui représente votre relation de couple. De quelle couleur est-il? Est-il solide, souple, rempli d'amour, etc.? De quoi est-il fait? Qu'ajouteriez-vous autour de votre ruban pour le rendre plus vivant?* . . . .
. . . .
. . . .

Évaluez où vous en êtes en tant que couple.

- *Combien de temps passez-vous en couple?* . . . .
. . . .
. . . .
- *Quels sont les moments que vous vous accordez?* . . . .
. . . .
. . . .
. . . .
- *Connaissez-vous bien les besoins de votre conjoint?* . . .
. . . .
. . . .

- *Est-ce que vous donnez des petites marques d'attention à votre compagnon de vie?* . . . .
. . . .
. . . .

- *Rappelez-vous les qualités de votre conjoint, pourquoi vous l'avez choisi afin de partager votre vie.* . . . .
. . . .
. . . .

- *Misez sur votre santé relationnelle avec votre conjoint et trouvez, toutes les semaines, des moments pour vous accorder un intermède en couple.*

❀ ❀

▸ *Vous n'êtes pas un super-héros*

Vous êtes avant tout le parent de cet enfant. Plusieurs tenteront de jouer à la fois le rôle de spécialiste, de pédagogue et de parent. Pour avoir tenté de porter tous ces chapeaux, je dois vous avouer que, malgré tous les bienfaits que tout cela apportera à votre enfant, la première chose que vous risquez est de manquer à votre tâche principale. Et quelle est-elle? Celle d'être un parent et d'offrir tout votre amour à votre enfant.

Le fait de tenter de combler tous ces rôles n'aura qu'un effet dévastateur et il en résultera votre épuisement. Pour éviter cela, je vous invite à prendre conscience de vos besoins et de l'aide que votre entourage peut vous apporter. Faites confiance aux gens qui vous entourent. Oui, parfois ils seront maladroits, ils n'utiliseront pas les mêmes méthodes que vous, ils feront quelques erreurs. Par contre, ils vous offriront ce dont vous avez grandement besoin. Il est alors important de vous ouvrir et d'accepter l'aide qu'on vous offre.

❊ LE MOT DU COACH

CONSEILS POUR LES PARENTS

Bien que ce processus soit profondément lourd et difficile pour les parents, il est important pour eux de retrouver leurs forces et, surtout, de ne pas vivre les difficultés de l'enfant à sa place, tout cela dans une tentative de surprotéger l'enfant.

Afin d'y parvenir, vous devez:

- *Comprendre vos limites;*
- *Clarifier vos besoins comme parent;*
- *Accepter de suivre les conseils des spécialistes et demander conseil;*
- *Éviter de blâmer les autres pour les difficultés de l'enfant;*
- *Communiquer clairement au milieu scolaire les forces et les faiblesses de l'enfant. Ne pas cacher ses difficultés;*
- *Responsabiliser votre enfant. Ne pas sauter trop vite aux conclusions que le milieu de l'enfant n'est pas idéal pour lui. L'enfant doit aussi apprendre à vivre en société et faire face aux règles sociales de conduite. Si vous tentez toujours de le couvrir et de le protéger, alors il n'apprendra pas que certains comportements sont inacceptables. Ne sous-estimez jamais ses capacités. Les enfants nous surprennent très souvent!*
- *Offrir votre gratitude et votre soutien aux gens qui interviennent dans l'éducation de votre enfant;*

- *Ne pas attendre que plusieurs incidents surviennent avant d'amorcer le dialogue avec le milieu scolaire;*
- *Prendre l'entière responsabilité de communiquer vos besoins et d'établir une relation de collaboration avec les divers intervenants de votre enfant.*

« Une graine renferme en elle plus de force en puissance que ce qu'en réalisera la plante, et en vous se trouve un potentiel d'esprit latent bien plus grand que vous ne le soupçonnez. Si vous voulez le libérer, écartez le doute, la méfiance, l'anxiété. »

— RUDOLPH STEINER

Maintenant, pour vous aider à chercher de l'aide, il s'agit de savoir quels sont vos besoins et, ensuite, vous serez en mesure d'identifier les ressources nécessaires. Pour cela, je vous invite à remplir le questionnaire suivant.

FICHE POUR VOUS AIDER À IDENTIFIER VOS BESOINS ET À LES COMMUNIQUER

Sur une échelle de 1 à 10 (1 étant faible et 10 étant excellent), où se situe mon niveau de satisfaction face à l'éducation de mon enfant?

1. *Quels sont mes besoins en ce moment afin de m'aider dans l'éducation de mon enfant?* ....
....
....

2. *Qui peut m'aider à concrétiser ces besoins?*...................
....
....

3. *Quelles sont mes émotions et mon attitude envers les gens qui interviennent dans l'éducation de mon enfant? Par exemple: l'éducateur, le professeur, le médecin, le ou les spécialistes, ma famille, mon conjoint, etc.* ....
....
....

4. *De quelle façon puis-je communiquer mes attentes, mes besoins en tant que parent... à l'éducateur, au professeur, au médecin, aux spécialistes, à ma famille, à mon conjoint, etc.?* ....
....
....

Pour chacune des personnes qui interviennent auprès de votre enfant, écrivez comment vous allez communiquer. Voici un exemple:

Intervenant	**Situation actuelle**	**Situation désirée**	**Moyen utilisé**
Professeur	Incompréhension face aux notes écrites à l'enfant Sentiment d'impuissance face aux comportements de mon enfant	Savoir quoi faire et comment intervenir auprès de mon enfant	Demander au professeur comment et quoi faire quand mon enfant a eu une journée moins bonne à l'école ou à la garderie

5. *Comment puis-je exprimer clairement ma reconnaissance envers les gens qui tentent de m'aider?* ....
....
....

Tous les soirs, avant de vous coucher, soyez reconnaissant pour des événements positifs de la journée et, surtout, endormez-vous avec une intention positive pour le lendemain!

« La véritable grandeur d'un homme
ne se mesure pas à des moments où
il est à son aise, mais lorsqu'il traverse
une période de controverses et de défis. »

— MARTIN LUTHER KING

Votre attitude

Il est important de reconnaître que vous devez traverser certaines étapes afin d'en arriver à accepter la situation. Reconnaître que vous êtes en processus de deuil est la première étape. Quand vous vous sentirez impuissant, triste, déprimé, dépassé, il est important de changer votre état.

Un excellent processus pour vous aider à changer d'état consiste à bouger et à éviter de stagner dans votre état de morosité. Par exemple, rencontrez des gens, sortez prendre l'air, levez-vous debout, *etc*. Quand vous restez sur place, vous restez accroché à vos sentiments désagréables. Il est important de vous observer afin de voir sur quoi reposent vos pensées. Quand vous êtes dans cet état dépressif ou colérique, votre attention est centrée sur le négatif et il est probablement très difficile pour vous de voir le positif.

Par conséquent, le fait de bouger vous force à sortir de cet état désagréable. J'ai découvert ce truc fort simple lors d'une conférence intitulée *The Power Within*, donnée par un des éminents conférenciers, Anthony Robbins, spécialiste de la motivation et aussi grand fervent de la programmation neuro-linguistique. Selon lui, notre physique, nos pensées et les mots que nous utilisons nous programment vers le positif ou le négatif. Ce ne sont pas les événements qui dictent si nous réussirons ou échouerons, mais bien la façon dont nous interpréterons les événements et comment nous agirons ensuite.

Dans mon cas, au niveau *physique*: mon corps démontrait par moments une fatigue, car mes épaules étaient courbées, je regardais souvent au sol, le regard triste. Bref, mon corps reflétait cette tristesse.

Au niveau de mes *pensées* et de mon *attention*: tout ce que je voyais et observais était directement lié aux difficultés de mon enfant et, surtout, au regard des gens qui ne comprenaient pas mon enfant. Rien de tout cela ne m'aidait à me sentir bien. Au contraire, je m'isolais encore plus, car je souffrais, surtout en pensant continuellement aux défis de ma fille. Je m'inquiétais de son futur, je me demandais si je serais suffisamment capable de l'éduquer, *etc*.

Et, pour couronner le tout, mon *langage*: je m'entendais continuellement dire: « Je ne suis plus capable », « Je suis épuisée », « Je n'en peux plus ». Bref, même les mots que j'utilisais reflétaient mon manque de confiance et ma tristesse.

Rien dans tout cela ne m'a était utile, bien au contraire, j'ai même profondément sombré dans la dépression. Je crois que j'ai dormi pendant tout ce temps parce que je ne me souviens plus de ce que j'ai fait durant six mois. Je flottais dans cet état dépressif.

Lorsque j'ai pris conscience que je ne pouvais plus continuer ainsi, j'ai pu émerger de mon abîme. Moi qui étais une fonceuse, qui désirais être un modèle pour ma fille, pour mon entourage, j'ai décidé de sortir de ma dépression et, surtout, de sortir de mon isolement. J'ai bougé, j'ai refait des activités physiques, j'ai retrouvé ma posture confiante et, dès les premiers jours, j'ai compris que, si je changeais ma posture, le reste suivrait. J'ai aussi observé mes pensées et chaque fois que j'entretenais des pensées négatives, je les effaçais en émettant un son particulier: *WOOOSH!* un peu comme si je chassais ces mauvaises pensées. Et quand je m'entendais dire des mots négatifs qui jouaient sur mon état d'esprit, je reprenais ces paroles de façon positive. J'ai même écrit certains de ces mots ou phrases, par exemple: « Il y a toujours une solution! » ou « J'ai toutes les ressources à l'intérieur de moi! » C'est de cette façon que j'ai réussi à me reprogrammer et à rétablir ma santé mentale.

❊ LE MOT DU COACH

- *Reconnaissez-vous certains signals d'alarme au niveau de votre comportement qui pourraient nuire à votre état de santé?* . . . .
  . . . .
  . . . .
- *Pour changer votre état, que désirez-vous reprogrammer en vous? Pensez aux trois composantes suivantes:*

  PHYSIQUE: quel genre d'activités faites-vous pour prendre soin de votre corps? ....
  ....
  ....

  PENSÉES: quel genre de pensées vous habitent? ....
  ....
  ....

LANGAGE : quel genre de paroles utilisez-vous ? ....
....
....

- *Quelles seront les actions que vous entreprendrez pour modifier votre état ?* . . . .
. . . .
. . . .

- *Maintenant, dessinez et amusez-vous à placer ces actions dans les cercles associés à votre physique, à vos pensées et à votre langage.*

NOTE : Il est également possible que vous composiez différemment avec votre état. Ainsi, au lieu de vivre la situation comme une personne dépressive, vous la vivez en étant constamment frustré ou déçu. Ces comportements ne vous servent en rien. Tout comme la dépression, la victimisation vous pénalise. Comment modifierez-vous ces comportements ? En revoyant les questions ci-haut, vous trouverez vos pistes de solution.

▸ *Voir les défis comme des opportunités d'apprentissage*

> *« Le secret du changement, c'est de concentrer toute votre énergie non pas à lutter contre le passé, mais à construire l'avenir. »*
>
> — SOCRATE

Je sais que ce point sera un des plus importants. Ce n'est pas la grandeur du défi, mais comment vous réagissez face à ce défi qui déterminera le futur. Si vous le vivez en l'acceptant, en questionnant vos pensées et les actions que vous accomplirez, cela déterminera votre futur.

J'ai aussi pris conscience que mon attitude est grandement influencée par ma curiosité et par mon désir d'apprendre comment agir et comment m'y prendre avec mon enfant. Les moments où je tombais dans la culpabilité ou le sentiment d'échec, c'était lorsque je me jugeais être incapable.

J'ai trouvé une carte[1] dans l'ouvrage *Change your questions, change your life*, de Marilee Adams, qui me rappelle que mes choix sont faits soit en fonction de ma réaction, soit en fonction de mon attitude. J'ai le choix entre le chemin qui m'amène vers la réussite ou celui qui me rend les événements très compliqués. L'auteure décrit un fait important: ce sont nos questions internes qui déterminent nos actions et, surtout, le chemin que nous prendrons.

Par exemple, comme parent, je me suis souvent posé ces questions: *Pourquoi? Qu'est-ce que j'ai fait pour mériter un tel enfant? Qui est responsable? Pourquoi les autres ne voient pas lorsque j'ai besoin d'aide? Pourquoi le système scolaire est-il rempli de failles? Pourquoi dois-je toujours me battre pour obtenir des services?* Ce genre de questions me rendaient très frustrée, car je sombrais dans la voie du jugement et aucune de ces questions n'était positive. Par conséquent, automatiquement, mes pensées créaient un futur négatif et, surtout, ne m'inspiraient pas d'optimisme.

1. Voir sur le site *http://www.inquiryinstitute.com/CM.pdf.*

Au lieu de ces questions, grâce à la lecture du livre de Marilee Adams, j'ai appris à modifier mes interrogations et ainsi à changer ma façon de voir les événements. Cela rend ma route beaucoup plus facile et j'ai beaucoup plus d'énergie pour découvrir de nouvelles avenues. Les questions éclairantes sont orientées vers le positif. En voici des exemples: *Qu'est-ce qui fonctionne? De quoi suis-je responsable? Quels sont mes choix? Qu'est-ce qui est possible? Qu'est-ce que l'autre ressent, pense ou désire? Qu'est-ce qui est utile dans cette situation?*

Saisissez-vous la différence entre les deux genres de questions? Celles dans le chemin du jugement nous rendent frustrés, impuissants et tristes. Alors que si nous adoptons des questions éclairantes, nous voyons des possibilités, nous sommes plus conscients de ce que nous pouvons faire et nous pouvons aussi croire en un avenir meilleur. Nous devenons les créateurs de notre avenir.

❃ LE MOT DU COACH

Maintenant, observez-vous pendant quelques jours et lorsque vous vous sentirez impuissant, frustré, ou que vous ressentirez tout autre sentiment qui alourdit votre état, vérifiez quel genre de questions vous vous posez. Pour changer votre état, changez vos questions.

- *Reconnaissez-vous les signes physiques ou autres qui vous démontrent que vous êtes en piètre état? Quels sont-ils?* . . . .

- *Quelles seront les questions que vous pourrez utiliser afin de changer votre état? Par exemple: De quoi suis-je responsable? Quels sont mes choix? Qu'est-ce qui est possible? Qu'est-ce que l'autre ressent, pense ou désire? Qu'est-ce qui est utile dans cette situation? . . . .*
 . . . .
 . . . .

❁ ❁

▸ *Bien comprendre le message de notre enfant*

Je me suis souvent questionnée à savoir si ma fille ressentait ma peine. Et je dois en conclure que oui. Ma fille ressent tous mes états d'âme. Parfois, je n'ai pas compris ce qui était le mieux pour elle. C'est seulement après avoir discuté avec une amie que j'ai réalisé n'avoir pas compris les messages et les comportements de mon enfant. Pourtant, j'ai toujours été à l'écoute de ses besoins, mais je réalise maintenant que plus elle grandit, plus elle a une façon bien à elle de communiquer ses états d'âme.

Daphnée, avec toutes ses belles qualités ainsi que toutes ses différences au niveau de ses sentiments, tente de me dire que quelque chose ne va pas lorsqu'elle démontre un comportement de résistance ou un comportement inhabituel.

C'est une petite fille qui vit beaucoup d'anxiété qu'elle camoufle derrière des comportements sociaux indésirables. Par exemple, elle a commencé à mettre son doigt dans son nez lorsque nous avions changé son horaire de garde. De plus, lors d'une visite dans un salon du livre, elle a foncé sur un petit bébé âgé d'environ deux ans qui marchait et elle lui a enlevé sa tétine. Bien que ce comportement fût socialement inacceptable, c'était sa façon à elle de vouloir entrer en contact avec les gens. Évidemment, la maman de ce petit a été très surprise de la façon d'interagir de mon enfant. Malgré ses comportements différents, Daphnée comprenait bien certaines demandes, avec quelques limites, bien entendu.

Je me souviens d'une fois où elle a fait une crise afin d'apporter un catalogue Sears à l'école. Elle adorait feuilleter les images et les circulaires. Étant donné l'épaisseur de ce gros catalogue, je lui avais interdit de l'apporter dans son sac, craignant qu'il soit trop lourd pour elle. Bien entendu, ce fut la crise, les cris, les coups de pied et, malgré son comportement, je continuais tout de même à refuser de lui donner son catalogue. Eh bien, je m'étais complètement trompée. Son professeur lui avait demandé d'apporter un catalogue de la maison afin de faire une activité de bricolage dans la classe. Je n'ai compris cette demande que quelques semaines plus tard seulement lorsque son professeur m'a expliqué les projets des enfants et m'a montré le travail de Daphnée. C'est alors que j'ai élucidé ce qui s'était produit lors de cette crise. Je revoyais encore Daphnée qui avait pris son autobus scolaire en grande peine, car elle n'avait pas pu apporter son catalogue. Vous pouvez sûrement imaginer comment je me sentais quand j'ai mis les morceaux du casse-tête en place. Un grand sentiment de culpabilité m'a envahie et je me suis vraiment placée dans la peau de mon enfant. Comme il doit être frustrant de ne pas pouvoir être compris et surtout de ne pas être capable d'exprimer clairement ce qui se passe ou nos intentions!

En conclusion, la leçon apprise de tout cela est qu'au moment des comportements et gestes inopportuns de ma fille, je la réprimandais sans vraiment aller au-delà du message qu'elle essayait de m'envoyer. Maintenant, je tente de saisir ce qu'elle désire. La plupart du temps, il y a souvent une intention positive derrière un geste. Il faut voir au-delà du geste.

❊ Le mot du coach

- *Voyez au-delà du geste et décortiquez l'émotion que l'enfant tente de vous communiquer. Ces enfants n'utilisent pas les mêmes façons et n'ont pas les mêmes moyens de nous communiquer leurs états d'âme.*
- *Vous êtes son parent, son intervenant ou bien un ami… soyez attentif au message caché.*
- *Souvent, nos enfants nous lancent des messages qui sont très clairs. Nous devons apprendre d'eux et, surtout, réajuster nos comportements. Demandez-vous:*
- *Quel message mon enfant tente-t-il de me communiquer?* ....
....
....
- *Quel message est-ce que j'envoie à mon enfant?* ......
....
....
- *Quelles valeurs vais-je lui transmettre?* ....
....
....

- *Comment puis-je lui expliquer, dans des mots d'enfant, ce qui se passe et, surtout, lui montrer que j'ai compris son message?* . . . .
. . . .
. . . .

❀ ❀

▸ *Montrez-lui que vous êtes à l'écoute de ses messages*

Ne vous culpabilisez pas si vous ne comprenez pas tel geste. Regardez simplement votre enfant, communiquez-lui votre tendresse et dites-lui que vous êtes attentif à ses besoins, que vous comprenez sa colère, sa tristesse, sa joie ou bien son anxiété. Et vous savez quoi? Il recommencera, de toute façon, si vous n'avez pas compris son message caché.

Soyez son transmetteur et son communicateur, et voyez à ce que son message soit compris par les autres. Peu importe le message et le jugement des gens à l'extérieur qui ne comprennent pas qui est votre enfant. Vous êtes le seul à bien connaître ce petit être merveilleux qui a besoin de vous. Parfois, certaines personnes penseront que vous êtes surprotecteur. Eh bien, dites-vous une chose: vous faites du mieux que vous pouvez au moment où vous sont présentés ces défis, ces messages incompris et ces comportements différents. Vous avez, vous aussi, le droit de commettre certaines erreurs et de vous réajuster.

Voir ses capacités plus que ses faiblesses

Voir le véritable potentiel de son enfant est, pour un parent, un des éléments difficiles, car ce dernier a tendance à vouloir le meilleur pour ses enfants et, par le fait même, que ceux-ci réussissent et ne connaissent pas les échecs. Par contre, lorsqu'on interroge les gens qui ont réussi dans la vie, qu'ont-ils en commun? Plusieurs nous répondent que ce ne sont pas les réussites qui les ont fait avancer, mais c'est le fait d'avoir vécu un ou plusieurs échecs qui leur ont permis de grandir et de s'améliorer. Cela me fait saisir que ce n'est pas d'essuyer un échec qui est difficile, mais bien de comprendre comment nous allons agir face à cet échec. Allons-nous jouer à la victime ou en retirer des éléments positifs afin de passer à autre chose? À titre de parent ou d'intervenant, il nous est essentiel de miser sur les éléments positifs que les enfants ont à travers leurs échecs. Par exemple, votre enfant ne tient pas bien son crayon et, par le fait même, ne réussit pas à écrire lisiblement. Sans abandonner l'idée de la pratique de la dextérité, peut-être est-il venu le temps de penser à utiliser un autre moyen d'écriture? Et s'il développait un intérêt pour les ordinateurs et pouvait utiliser le clavier et la souris mieux que quiconque? Simple comme exemple, me direz-vous, mais il s'agit de voir le côté positif, de même que la mesure ou la solution de rechange, sans abandonner la pratique du bon comportement ou l'élément à améliorer, tout en misant sur un autre élément positif. En résumé, on place notre enfant devant un succès tout en lui offrant l'occasion de s'améliorer, mais en gardant en tête ce qu'il fait bien.

J'ai vécu une petite réussite lorsque j'ai observé Daphnée faire un casse-tête en quelques minutes sur son ordinateur. J'étais tellement surprise et heureuse de voir qu'elle avait réussi, et ce, malgré ses défis de motricité fine, car pour elle, manier la souris d'ordinateur était assez difficile. Mais son désir de réussir le casse-tête était plus fort que sa maladresse.

Voyant cette victoire du casse-tête et surtout la joie de Daphnée qui avait réussi, j'ai compris que l'important était de trouver des activités qui la motivaient, qui l'intéressaient à un point tel que, peu importe son degré de difficulté, elle voudrait la continuer.

▸ *Si vous ne croyez pas au potentiel de votre enfant, qui croira en lui?*

C'est au moment de la réussite du casse-tête de Daphnée que je me suis dit: *Cesse de penser à tout ce que ton enfant ne fait pas. Il est trop facile de placer ton focus sur les points à améliorer. Maintenant, quelles sont les forces de ton enfant et comment peux-tu la guider vers des activités qui lui permettent de développer son estime de soi tout en apprenant et en lui donnant la confiance de persévérer à améliorer ses faiblesses?*

Qui a dit que nous devions exceller dans tous les domaines? Pas bon en français mais excellent en art dramatique? Alors, faisons du français lorsque l'enfant pratique ses pièces de théâtre, demandons-lui de lire ses textes, de corriger la grammaire ou même de composer une pièce. Apprendre et se corriger devrait être amusant si nous y mettons un petit élément positif. Essayez-le. En quoi êtes-vous bon? Et ajoutez un élément dans lequel vous l'êtes moins.

▶ *Utilisez d'autres lunettes*

Aujourd'hui, plusieurs croient qu'un enfant réussit parce qu'il est intelligent. Par contre, j'ai découvert, en faisant de nombreuses lectures et, surtout, en observant ma fille vivant de grandes difficultés, qu'elle avait une tout autre forme d'intelligence. Elle éprouve de la sensibilité aux émotions des autres, elle excelle en tout ce qui touche les concepts visuels, elle a un système de communication différent du nôtre. Tellement que je me suis demandé si elle ne pouvait pas lire dans mes pensées. J'ai alors appris à voir ma fille avec des lunettes différentes. Voir ses capacités plutôt que toujours voir ses faiblesses. Voir ses accomplissements avec un autre barème de référence.

Que m'apprend-elle? Je vois mon enfant comme un grand enseignant sur les comportements que j'ai moi-même à corriger. Les moments où j'ai eu le plus de difficulté à accepter ses comportements furent ceux où j'ai compris que ce que je n'aimais pas était en fait le reflet de mes propres difficultés. Ouf! Je suis consciente que cette phrase fera réagir plus d'une personne. Voici ce que j'ai réalisé à la suite de mes réflexions à ce sujet. La difficulté de ma fille à s'exprimer était en fait ma difficulté à moi de communiquer mes émotions et mes idéaux aux gens qui m'entourent. J'avais toujours été silencieuse jusqu'à ce jour, car je me suis toujours considérée comme incapable d'exprimer mes propres besoins. Son hypersensibilité à son environnement est en fait le prolongement de la mienne envers ce qui m'entoure. Vous penserez que c'est fou ce que je dis... eh bien, faites-en l'essai. Identifiez une difficulté chez votre enfant et tentez de trouver le lien avec vous. Vous serez grandement surpris! C'est après quelques années que j'ai compris le sens de ce qu'un Maître de

Reiki m'avait dit: « Prends soin de tes propres blessures et ton enfant en sera guéri! »

Devenez le défenseur des droits de votre enfant

Je comprends que cela est plus difficile quand tout ce qu'on voit et entend sont les difficultés de son enfant. Par contre, je crois sincèrement que le parent a aussi le rôle d'être le défenseur des droits de son enfant. Afin de développer la confiance de votre enfant et, surtout, l'amener à développer son plein potentiel, il faut avant tout croire en lui.

Pour y arriver, nous devons constamment voir ce qu'il est capable de faire et mettre l'accent sur cela. Dans le cas de ma fille, par exemple, à un certain moment j'étais complètement dépourvue et je ne voyais que son problème de langage. Toutes mes énergies étaient centrées sur le fait que je voulais qu'elle parle. Alors, je lui faisais faire des exercices de langage, elle voyait un orthophoniste toutes les semaines, je lisais sur le sujet des exercices de stimulation de langage, *etc.* Est-ce que tout cela a aidé au développement de son langage? Oui, bien sûr, mais j'ai réalisé que, pendant que mon attention était dirigée sur son langage, j'ai souvent oublié de trouver son mode de communication propre. Maintenant, je tente de comprendre ce qui est plus facile pour elle dans son mode de communication, donc sa force, et j'ajoute des notions de langage, mais toute mon attention n'est pas centrée uniquement sur son langage. J'essaie de voir mon enfant avec tout son potentiel et ses forces.

1. *Mon enfant se sent compétente et peut s'exprimer avec ses moyens à elle.*
2. *Elle se sent plus en confiance de s'exprimer, car je lui permets de le faire avec ses capacités et je n'exige d'elle aucun standard de perfection.*
3. *Notre relation est beaucoup moins tendue et plus cordiale. Nous avons de meilleurs partages.*
4. *Comme maman, je perds moins d'énergie, car je me concentre sur ses habiletés et j'ajoute graduellement des notions de langage. Au bout du compte, je respecte son rythme d'apprentissage et je me laisse guider par mon enfant.*

Il m'arrive encore parfois de retomber dans mon ancienne façon de l'aider, c'est-à-dire de seulement tenter de la diriger et penser aux objectifs de développement selon la courbe normale d'un enfant. Par contre, j'écoute maintenant les signes que ma fille m'envoie. Quand le courant ne passe plus et que la communication est coupée avec Daphnée, je m'arrête alors pour me demander: *Est-ce que je vois seulement le problème en ce moment ou est-ce que je me concentre sur ses forces?*

Vous êtes le seul responsable de votre vie

Pour moi, cette phrase me faisait réagir, car je me sentais véritablement comme une victime d'avoir eu un enfant différent. Le fait de devoir prendre soin d'un enfant qui exige de moi des forces sortant vraiment de l'ordinaire, beaucoup d'organisation, et l'amélioration de mes techniques de communication avec les intervenants et le milieu scolaire: bref, je me demandais si j'étais vraiment responsable de tout cela. Et j'ai compris que oui, car ce défi était là pour m'aider à progresser, à développer de nouvelles habiletés, à me faire grandir humainement.

Voilà donc pourquoi j'en suis responsable. Je peux m'effondrer sous le poids du fardeau de tout ce que cela implique ou bien je peux voir à quel point cette nouvelle expérience me fait voyager hors des destinations traditionnelles. Un peu comme la métaphore du voyage en Hollande. C'est mon voyage à moi, et libre à moi de le rendre agréable ou misérable.

Développer et suivre son intuition

Développer ma capacité de me faire confiance dans les choix que j'ai faits pour ma fille a été ce qui m'a permis de vraiment cibler ce qui était en accord avec mes besoins et ceux de ma famille. Parfois, c'était la peur de manquer, d'échouer, qui me faisait passer à l'action. Mais maintenant, je tente de baser mes décisions sur les possibilités et, surtout, sur le potentiel de ma fille. Je sais que le langage est difficile pour elle, alors je ne l'envoie pas continuellement en séances de réadaptation. Au contraire, maintenant je tente d'avoir un juste équilibre et je mise sur ses forces. Mon intuition m'a révélé à maintes reprises que nous faisions trop d'efforts et trop de séances de thérapie. Pourquoi? Parce que j'avais peur et que je me sentirais coupable si j'arrêtais les séances.

Je comprends maintenant que je fais mes choix en fonction de ce que ma fille m'exprime. Si je sens qu'elle n'est pas bien ou qu'elle est plus anxieuse à cause des exigences qu'on lui impose, alors je réévalue les choix. Par exemple, à un certain moment, nous avions quatre séances de thérapie par semaine, ce qui était bien épuisant pour elle et pour nous tous. Tout tournait autour des séances de thérapie de Daphnée. Même les loisirs en famille avaient diminué à cause de notre horaire chargé. Nous étions tous stressés, fatigués et, surtout, ces séances étaient trop difficiles pour elle. Aucun progrès ne fut noté durant ces mois surchargés. Mon choix, après profonde réflexion, fut d'arrêter temporairement. Bien que cette décision fût très difficile, car je pensais compromettre certaines chances de mon enfant, elle a été une des plus utiles et nous a tous permis de souffler.

Il vaut mieux comprendre quelles sont les frustrations, les tristesses et les déceptions que nous éprouvons et les régler, parce que votre enfant les ressentira et elles seront tellement plus douloureuses pour lui, car c'est ce qu'il percevra avant même ses propres difficultés.

Les revers de la performance!

Je suis un de ces parents qui adorent travailler, qui s'accomplissent par le travail, en créant et en performant. Je crois que la performance est excellente... pour moi!

Par contre, quand on éduque un enfant qui a de sérieuses difficultés scolaires, la performance est, selon moi, un des pires ennemis! Il faut ajuster nos standards de performance, voir avec des lunettes un peu différentes et partir de la réalité de l'enfant.

Pour ajuster ma perception de la performance, je me suis alors posé ces questions:

1. *Quelles sont les valeurs que je désire transmettre à mon enfant?*

2. *Qu'est-ce qui est le plus important en ce moment? Que mon enfant performe? Qu'elle soit dans les premiers de sa classe ou bien qu'on trouve des moyens afin qu'elle développe son estime de soi et qu'elle aime apprendre?*

3. *Qu'est-ce que je tente d'ignorer en ce moment? Quels sont les sentiments que je vis présentement? Suis-je anxieuse, colérique, impatiente? Qu'est-ce que ce sentiment m'envoie comme message? Suis-je trop dure envers moi-même? envers les autres?*

4. *Comment est-ce que je veux que mon enfant se souvienne de moi? Comment puis-je l'aider à s'accomplir tout en respectant la personne qu'elle est? Comment puis-je l'aider à découvrir ses forces?*

5. *Si, demain, je devais passer la dernière journée avec mon enfant, quelles seraient les activités que je ferais avec elle? Sûrement pas des exercices de langage.*

Prenez le temps, vous aussi, de répondre à ces questions fondamentales, car elles vous permettront de mettre l'accent sur ce qui est important pour vous et d'en faire une priorité.

C'est lorsque j'ai commencé à voir la beauté de mon enfant, et non ses faiblesses, que j'ai découvert qui elle était réellement! C'est à partir de ce moment que j'ai vraiment été une maman.

Parfois, je crois que c'est par manque de ressources, parce qu'on a peur de ce que deviendra notre enfant que nous nous imposons différents rôles. J'ai été la pédagogue de mon enfant, son intervenante spécialisée, sa gardienne, son accompagnatrice dans les loisirs, mais le seul rôle avec lequel j'avais de la difficulté était de simplement être une maman aimante, compatissante et, surtout, être seulement présente pour m'amuser avec elle. Lorsque j'assumais les rôles d'éducatrice ou de pédagogue, c'était à ce moment que mon enfant devenait plus difficile. Elle n'écoutait pas les consignes, devenait irritable. Je n'avais pas compris son message... Tout ce qu'elle me demandait était de l'aimer telle qu'elle est et d'être sa maman!

Maintenant, je comprends et je suis sa maman, le plus grand défenseur de ses droits et de ses qualités! Je ne perds pas de vue ses capacités et je comprends aussi les limites auxquelles elle devra faire face. Je ne porte pas mon attention seulement sur ses limites, car je vois tout son potentiel et je l'accompagne dans son accomplissement personnel.

Le regard des autres

Une de mes plus grandes difficultés fut d'accepter le regard, les questions et les jugements des autres face à mon enfant. Lorsque nous faisions l'épicerie, Daphnée aimait tellement parler aux gens et, parfois, sa façon d'entrer en contact était de toucher le panier des autres. À plusieurs occasions, les gens ont eu des réactions très fortes et antisociales, au point où une dame m'a dit: « Madame, vous devriez élever votre enfant! C'est inacceptable d'agir comme ça! » Je l'ai regardée et je me suis simplement retournée, car je n'avais pas de mots pour lui répliquer ce qui me passait à l'esprit. Je n'arrivais pas à croire qu'un adulte soit si méchant envers une enfant qui utilise un moyen différent pour entrer en contact.

Par la suite, j'avais toujours peur qu'une autre personne dise des choses méchantes à mon enfant à cause de son comportement différent jusqu'à ce que je réalise que le problème n'était pas le mien ni celui de Daphnée! C'est l'ignorance et le jugement des gens qui sont limités dans leur façon de voir les actions des autres. Maintenant, je dirige mon énergie et mon attention vers les personnes avec qui Daphnée entre en contact dans les magasins et qui lui répondent gentiment. Parfois, j'ai de beaux compliments de gens qui me regardent et me disent: « Votre fille est bien gentille, elle a de beaux yeux! » Et même, plusieurs lui disent qu'elle est une jolie fille avec un beau sourire. Ils voient donc, eux aussi, que malgré ses difficultés elle est unique et spéciale!

Maintenant, au lieu de cacher ma fille et de ne plus l'emmener avec moi, je lui montre à exposer ses forces et à être elle-même. Je lui permets d'être et surtout je l'accompagne en étant un modèle comme parent!

❊ Le mot du coach

- *Et vous, sur quoi misez-vous? Comment pouvez-vous changer votre façon d'agir et être un modèle pour votre enfant?* . . . .
  . . . .
  . . . .

❊ ❊

Attention: la règle du 90 secondes

Les enfants cherchent notre attention par tous les moyens! Je me revois arriver du travail, exténuée, essayant de tout faire en soirée, pour ensuite m'écrouler une fois les filles couchées. Quel temps de qualité ai-je offert à mes enfants? Rejouant le scénario dans ma tête, je revois mes filles essayer de capter mon regard, ma reconnaissance, entrer en conversation avec leur maman... et moi, je suis préoccupée par tout le reste, sauf leur procurer 100 % de mon attention. Un bon truc que j'ai appris d'un de mes coachs est d'offrir les premières 90 secondes d'attention complète à mes enfants lorsque je les retrouve après le travail. C'est la qualité et non la quantité qui compte. Essayez ce truc. Vous verrez la différence! Comme on dit, lorsque vous entrez en contact avec une personne et que cette dernière ne vous regarde pas et, surtout, fait autre chose en vous parlant, comment vous sentez-vous? Vous vous sentirez probablement incompris, avec un léger sentiment d'agitation et de frustration. Eh bien, c'est exactement ce que votre enfant tente de vous communiquer.

Ne pas réprimander en fonction du passé

Je revois beaucoup d'occasions où j'aurais pu réprimander, noter et, surtout, critiquer le comportement de certaines personnes qui ont côtoyé mon enfant! Je vois aussi souvent des parents qui passent leur temps à critiquer le comportement d'un proche ou d'un enseignant qui n'a pas bien agi auprès de leur enfant!

Mon conseil est de préserver vos énergies et d'expliquer aux gens comment vous voulez qu'on traite votre enfant et quelles sont les mesures d'encadrement dont il a besoin.

Rien ne sert de récriminer contre le passé, mais préservez plutôt votre énergie pour ce qui viendra! Inutile de ruminer ce qui a été fait, vous ne pouvez pas changer le passé. Mais vous pouvez certainement agir sur le futur!

J'ai vécu deux incidents majeurs jusqu'à présent avec le système scolaire. Lors de l'un des deux, ma fille a eu le pouce complètement sectionné à cause d'un manque de vigilance de la part des surveillants. Heureusement, son pouce a été rattaché et recousu. Mais je dois vous dire que la tentation a été plus que forte de réprimander la surveillante, et revoir les règles de conduite et de surveillance entourant ma fille. Au lieu d'agir sur le coup de la colère, j'ai tout simplement vérifié auprès de l'école à savoir quelles seront les mesures prises dans le futur pour éviter un autre accident de ce genre. Si j'avais tout simplement critiqué et blâmé les intervenants, cela aurait probablement eu pour effet de m'attirer beaucoup de stress et de frustration plutôt que la collaboration des intervenants de ma fille. Eh oui, mon instinct de mère protectrice a eu comme premier réflexe de juger et de critiquer les services en place. Cependant, avant de discuter avec la direction de l'école, je me suis vraiment calmée et je me suis branchée à mon intention... soit celle que ce genre d'incident ne survienne plus. En effet, je me suis rappelé que rien ne sert de récriminer contre un événement passé, mais il faut plutôt corriger afin d'éviter qu'il se reproduise dans le futur.

Mon interaction avec l'école a été orientée vers le futur et, surtout, de m'assurer que des mesures de prévention soient mises en place afin que mon enfant n'ait plus à subir un autre accident de ce genre.

« Au centre des difficultés
se trouve l'opportunité. »

— ALBERT EINSTEIN

Branchez-vous à ce que vous désirez et arrêtez de critiquer!

Encore plus important dans la création d'une relation de collaboration est de dire ce que vous voulez plutôt que de chercher à pointer ce qui ne fonctionne pas! Oui, il est normal qu'on se place en mode défensif quand on se sent attaqué par les critiques, les représailles ou les commentaires désobligeants! Alors, quels sont les changements que vous voulez voir apparaître? Est-ce que vous aimeriez que le professeur vous aide à trouver des solutions? Que voulez-vous changer? Quels seront aussi votre rôle et votre engagement dans ce changement souhaité? Rappelez-vous que ce n'est jamais le rôle d'une seule personne, mais qu'il faut une équipe pour aider votre enfant!

Ne faites pas l'autruche! Il est rare que ce soit uniquement la faute d'une seule personne!

Quand l'enseignant, l'intervenant ou un parent vous parle d'un comportement problématique, restez ouvert d'esprit! Voyez plutôt cela comme une occasion de travailler ensemble pour aider votre enfant à développer des stratégies afin de corriger ce comportement.

Le déni, votre pire ennemi

Refuser de reconnaître les défis de votre enfant ne jouera pas en sa faveur! Au contraire, une des raisons pour lesquelles la collaboration ne fonctionne pas, c'est que le parent refuse de voir le problème. Peut-être avez-vous parfois de la difficulté à avouer que vous n'acceptez pas cette situation ou que vous la vivez difficilement! Il est permis d'avouer que vous vivez mal cette nouvelle et que vous avez de la difficulté à faire face au problème. Parfois, il s'agit aussi de le verbaliser quand vous êtes submergé par les nouvelles négatives.

Par exemple, j'ai connu à maintes occasions des journées où, chaque soir en allant chercher ma fille à l'école, je recevais des notes négatives. En plus de tout cela, gérer les comportements négatifs à la maison représentait pour moi de gros défis. Ce qui m'épuisait d'autant plus quand je devais entendre les tristes nouvelles de l'enseignante! J'ai donc fait preuve d'ouverture et j'ai examiné de nouvelles façons d'agir, j'ai posé des questions aux intervenants et aux enseignants afin qu'ils m'aident à trouver des pistes de solution.

Cela a eu pour effet de solidifier notre collaboration, car ils ont tout de suite vu que je ne niais pas les défis, que je comprenais et voyais bien les difficultés de comportement de ma fille. J'ai alors sollicité l'aide dont j'avais besoin pour aider mon enfant et y voir un peu plus clair.

HISTOIRE ATTENDRISSANTE : *DAPHNÉE ET LES GENS QU'ELLE TOUCHE*

Daphnée participe à un camp de jour et elle a beaucoup de difficulté à s'intégrer et à se plier à l'horaire. Elle a souvent des comportements inacceptables. Cependant, entre autres activités du camp, il y avait un atelier de musique. L'animateur de camp fut complètement bouleversé par la connexion et la vibration émanant de Daphnée. En fait, Daphnée s'est assise en face du musicien et elle a été complètement absorbée par la musique, transperçant le regard du jeune musicien. Tellement qu'il a senti les larmes couler sur ses joues. Daphnée était assise en face de lui, complètement muette, les yeux rivés sur lui. Le jeune homme a senti toute l'énergie d'amour qu'elle lui a transmise. Il en était bouche bée et avait même le regard rempli d'émotion lorsqu'il m'a relaté cette expérience. Il a dit : « Votre fille m'a fait pleurer, elle a un don spécial, cette petite ! » C'est vrai, ma fille bouscule et transperce le cœur des gens. C'est alors que j'ai compris quel était le potentiel de ma fille. La mission qu'elle s'est donnée est plus grande que nous tous. Elle désamorce, irrite et provoque les gens. Et lorsque les gens sont en complète harmonie avec leur essence même, c'est comme si elle avait posé un regard qui se veut guérisseur et amour.

En fait, ma fille a une façon bien à elle de communiquer et elle touche le cœur des gens.

Et vous, voyez-vous comment votre enfant peut toucher les gens ? Écrivez votre histoire et/ou envoyez-la-moi via mon adresse courriel.

4

L'ÉDUCATION, ÇA NE SE FAIT PAS SEUL !

Votre réseau de soutien

> *« Il faut tout un village pour élever un enfant. »*
>
> — PROVERBE AFRICAIN

Être parent ne signifie pas être tout pour un enfant: son tuteur, son enseignant, son coach, son ami, *etc.* J'ai longtemps été piégée dans ce tourbillon de responsabilités et j'ai épuisé mes forces et mon énergie, car je tentais de tout faire pour ma fille qui éprouvait des difficultés. Résultat: j'ai éloigné mes ami(e)s, ma famille, mon conjoint et tous les spécialistes, car je leur montrais que j'étais meilleure qu'eux et que j'étais tout à fait capable de tenir tous ces rôles. La réalité, c'est aussi que je me suis isolée et épuisée. En jouant à la femme forte, je me suis attirée encore plus d'ennuis et, en prime, j'ai fait un *burnout*. Je n'étais vraiment pas avancée, car je ne pouvais plus répondre aux besoins de mon enfant.

Mes questions sont donc celles-ci: *Quel est votre rôle en tant que parent? Qu'attendez-vous des autres, des intervenants qui travailleront avec votre enfant?*

Afin de bien identifier les ressources, voici une carte visuelle des ressources qui étaient impliquées dans la vie de Daphnée.

CERCLE DES RESSOURCES DE DAPHNÉE

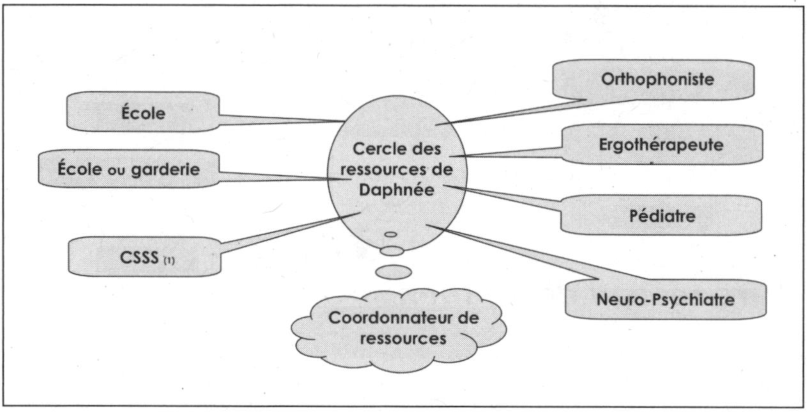

J'ai convoqué une rencontre avec tous les partenaires impliqués dans l'éducation et les thérapies de ma fille, car il m'était devenu trop difficile de faire les différentes mises à jour et je désirais que tous travaillent dans le même sens. Lors de cette rencontre, nous étions plus de quinze intervenants: orthophoniste de la clinique privée, orthophoniste du centre de réadaptation La Ressource, ergothérapeute, représentant de la direction scolaire, représentante des ressources éducatives de la commission scolaire, ainsi que l'enseignante et l'accompagnatrice scolaire de Daphnée, les représentants du Pavillon du Parc, de même que les intervenants du Centre de santé et des services sociaux. J'avoue que c'est à y perdre son latin. Toute cette structure de services est très complexe, et mon rôle fut de comprendre qui faisait quoi et, surtout, que Daphnée ait des services de réadaptation. Son diagnostic n'était pas suffisamment clair, elle était dans un *trou de service* et aucune institution de réadaptation ne voulait prendre la charge de son dossier. Cette rencontre fut alors une étape très importante afin que tous allient leurs forces et puissent aider Daphnée. Mon rôle de parent fut de communiquer et de convoquer cette rencontre.

La carte conceptuelle de votre réseau de soutien

« Préparez votre esprit à recevoir ce que la vie a de mieux à offrir. »

— Ernest Homes

Afin de vous aider à clarifier tout ce processus de recherche de ressources, voici un outil qui m'a grandement aidée à mettre de l'ordre dans mes idées et, surtout, à voir que je n'étais pas seule à aider mon enfant. En utilisant la technique de création aussi appelée *carte heuristique* de vos ressources, vous serez en mesure de voir tout le cheminement que vous avez parcouru et, surtout, de mettre votre énergie aux bons endroits. Pour ma part, cet exercice m'a aussi permis de voir tous les progrès que j'avais accomplis, d'établir les priorités et, surtout, de me permettre de célébrer mes petites victoires.

Cette technique de la carte heuristique fut élaborée par un psychologue anglais, Anthony Bazan, et elle est inspirée du fonctionnement du cerveau. C'est un peu comme si chaque idée était une représentation de vos neurones et comment cette idée en déclenche une autre et les liens entre chacun de ces neurones. Bref, ma carte conceptuelle fut une piste pour moi afin de savoir qui étaient mes alliés, mes ressources et les personnes qui manquaient à l'équation. De plus, cette carte fut à maintes reprises un point de départ pour les rencontres scolaires afin de permettre à tous les intervenants, les enseignants et les spécialistes de comprendre le portrait des gens impliqués dans l'éducation de Daphnée.

Afin d'y voir un peu plus clair dans toutes les ressources et, surtout, réussir à organiser mon temps, j'ai élaboré un dessin qui m'a aidée à comprendre quelles étaient les ressources dont nous avions besoin pour éduquer ma fille. Cette cartographie de la situation m'a aussi aidée à comprendre que je n'étais pas seule dans le processus et que j'avais des personnes sur qui je pouvais compter afin d'avoir des trucs et des conseils.

RÉSEAU DE SOUTIEN

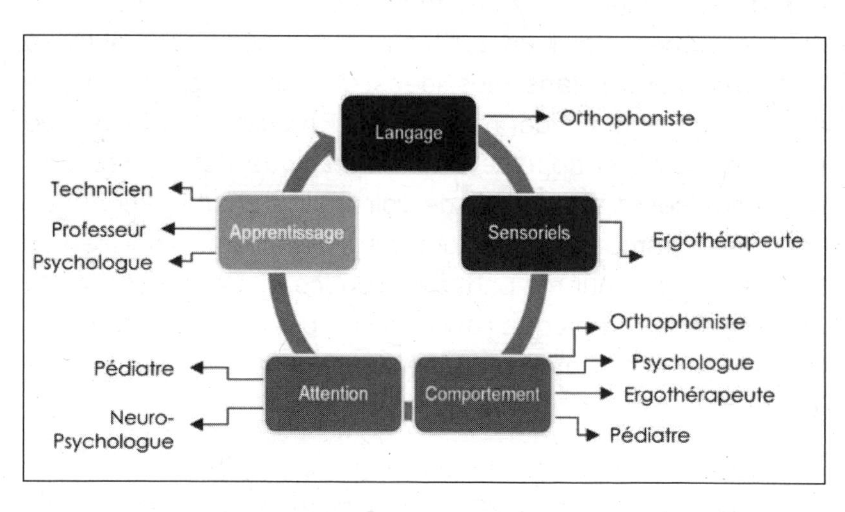

Voici une analogie qui m'a longuement fait réfléchir. Pour bâtir une maison, vous avez besoin de plusieurs spécialistes afin que votre produit fini soit fonctionnel, utilisable et que vous soyez en sécurité dans cette résidence. Alors, votre enfant a besoin de ces mêmes spécialistes. Vous, en tant que parent, devenez le contremaître et le chef de projet. Vous offrez la coordination et la gestion du projet afin que cet être exceptionnel bâtisse une estime de soi, qu'il se découvre à travers ses forces, qu'il développe une passion pour la vie et qu'il soit heureux. En conséquence, devez-vous tout faire seul ou bien mettre en place les gens qui assumeront des rôles déterminants pour votre enfant et, surtout, qui pourront croire en son potentiel et qui lui feront vivre de belles expériences de vie?

Tel est, selon moi, le rôle du parent. Si vous vous sentez impuissant et que vous ne prenez pas votre place de contremaître, réussirez-vous à édifier cet être qui ne veut que prendre son expansion?

« Lorsque nous nous trouvons dans un état de grande ouverture face à la vie et à toutes les possibilités qu'elle comporte, que nous sommes disposés à faire le prochain pas qu'elle nous propose de faire, alors les gens les plus extraordinaires apparaissent sur notre route et viennent marquer notre vie. »

— JOSEPH JAWORSKI

❊ LE MOT DU COACH

Pour éduquer un enfant ayant des besoins particuliers, vous aurez besoin d'une équipe.

- *Quelle sera la composition de l'équipe qui entourera votre enfant?* ....
....
....

- *Quels sont vos besoins et comment les communiquerez-vous clairement?* ....
....
....

- *Quelle place êtes-vous prêt à accorder aux autres spécialistes?* ....
....
....

❀ ❀

▸ *Entourez-vous de gens qui vous encouragent*

Tout comme votre enfant, vous aurez besoin de beaucoup d'amour, d'encouragement et d'écoute afin d'être un bon parent! J'ai eu besoin de beaucoup d'ami(e)s, de thérapeutes, de spécialistes qui étaient là pour écouter mes besoins, mes sentiments et, surtout, pour me guider à travers ce voyage!

❀ Le mot du coach

- *Et vous, qui sont ces gens qui vous aident et vous encouragent? Dressez la liste de ceux qui sont là pour vous accompagner et vous aider.* ....
....
....

- *Utilisez-vous toutes les ressources à votre disposition ou bien pourriez-vous trouver des personnes qui pourraient vous aider?* ....
....
....

❀ ❀

Un ingrédient essentiel: la collaboration

▸ *La collaboration, c'est quoi?*

La clé de la réussite dans l'éducation passe par la sensibilisation et la compréhension des réalités de chacun. Maintenant que vous comprenez ce qu'implique le fait d'être le parent d'un enfant à besoins particuliers, et ce, même si vous n'êtes pas un parent et que vous connaissez la réalité d'être enseignant, il est important de comprendre que, pour atteindre le développement du plein potentiel de l'enfant, il faut cesser de blâmer ou de chercher un coupable.

En réalité, je me suis souvent prise à tenter de simplement redéfinir et passer mon temps à me demander quel était le problème. Ça, c'est facile! Maintenant, ce qui est beaucoup plus efficace et difficile est de définir ce que nous voulons. Que voulons-nous comme parent? Quelles sont nos attentes comme enseignant face à l'enfant, face aux parents de l'enfant, face au système scolaire?

Définir nos attentes est une étape primordiale et nécessaire. Et bien peu de gens passent à l'accomplissement de cette étape.

C'est dans mon travail de gestionnaire, mais surtout de coach, que j'ai appris certaines techniques tirées de la programmation neuro-linguistique.

Dans cette section, je vous transmettrai les notions de base afin que vous puissiez développer un climat de collaboration. Que vous soyez enseignant, parent ou spécialiste, ces notions sont utilisées dans tous les contextes d'un travail d'équipe.

▸ *Pourquoi faire équipe?*

Ma question pour vous est la suivante: *Croyez-vous vraiment qu'il soit possible de tout faire seul?*

Si vous pensez toujours que vous pouvez faire mieux que les autres, alors je crois sincèrement que cela vous amènera tôt ou tard à l'épuisement, car pour éduquer un enfant à besoins particuliers, il faut une équipe. Tout comme dans un match de hockey, il y a le coach, l'assistant du coach, l'infirmier et les joueurs qui ont chacun leur rôle respectif. En croyant que vous êtes le seul à pouvoir aider votre enfant convenablement, vous vous imposez de sérieuses limites. En effet, ce n'est que grâce à la collaboration que vous réussirez à éduquer un enfant qui a des besoins particuliers.

Nous devons tous, à un moment ou un autre, apprendre à déléguer et à faire confiance à l'autre personne qui nous aide dans notre travail quotidien. Je crois que cela, tout le monde le comprend. Là où les choses se compliquent, c'est que, pour travailler en équipe, nous devons développer des relations saines avec les gens qui font partie de notre équipe, ce qui est le plus difficile normalement. En tant que membre de l'équipe d'éducation de votre enfant, chacun a sa propre personnalité, chacun a son propre agenda, ses propres objectifs et, souvent, il se produit que chaque membre oublie de communiquer avec les autres afin d'assurer un suivi sur l'endroit où il se situe par rapport à l'atteinte de l'objectif commun. En conséquence, au lieu de travailler dans le même sens, tous les membres travaillent sans se consulter, ce qui provoque des lacunes et, par le fait même, une diminution de l'efficacité des interventions de chacun.

Je crois que, pour éviter de surcharger les enfants, nous devons nous mettre d'accord pour miser sur des objectifs courts, réalistes et préciser ceux-ci. Si chaque intervenant travaille de façon isolée, alors l'intégration et l'atteinte de ces objectifs sera plus longue.

J'ai vécu cela lorsque j'étais en attente de services d'un centre de réadaptation pour mon enfant. Je voyais différents spécialistes, l'orthophoniste pour le développement du langage, l'ergothérapeute pour les troubles sensoriels. À l'école, mon enfant avait pour objectif de travailler sa coopération en classe. C'est seulement lorsque j'ai communiqué à l'orthophoniste et à l'ergothérapeute l'objectif prioritaire en classe, soit d'amener Daphnée à coopérer et faire ce qui lui était demandé, que j'ai réellement constaté des progrès, car tous les spécialistes ont commencé à travailler dans le même sens.

❊ Le mot du coach

- *Qu'est-ce qui est le plus important pour vous dans l'éducation de votre enfant?* ....
  ....
  ....

- *Qui peut vous aider à atteindre cet objectif?* ....
  ....
  ....

- *Quelle plus petite action mettrez-vous en place pour aider votre enfant dans l'atteinte de cet objectif?*
  ....
  ....

❃ ❃

▸ *Les conditions essentielles à la collaboration*

Pour en revenir à une dynamique de collaboration saine, voici quelques éléments essentiels à introduire dans vos relations de collaboration.

SÉCURITÉ ET CONFIANCE

La première condition pour collaborer est de satisfaire notre besoin de sécurité. À la base, comme être humain, nous avons un mécanisme inconscient de survie qui nous permet de décoder en une fraction de seconde qui est un ami ou un ennemi. Ce mécanisme est très subtil mais toujours allumé. Nous percevons les ennemis avec notre capacité à décoder le langage non verbal et aussi en associant certaines de nos expériences à ce que nous voyons au moment présenté.

Par exemple, votre sentiment de sécurité peut être menacé lorsque vous rencontrez une personne qui démontre des caractéristiques communes à une personne qui vous aurait fait du mal dans votre enfance. Pour ma part, j'ai longtemps eu peur de certaines personnes qui criaient fort. J'ai associé cette peur à un événement qui était survenu durant mon enfance, en première année. Mon professeur avait pris de force un élève qui n'écoutait pas les consignes et elle s'était mise à lui crier des mots, et tout cela m'avait semblé démesuré. J'ai toujours eu peur des gens qui crient et je dois même préciser qu'à une certaine époque, j'avais un malaise lorsque je voyais des femmes portant un chignon semblable à ce professeur d'enfance. J'associais cela à une menace et je ne faisais pas confiance, même si cette personne était très gentille. Je crois que ce manque de confiance se vit par certains parents qui, dans leur enfance, ont vécu eux aussi de mauvaises expériences avec des professeurs. Parfois, les parents apportent ces expériences avec eux lorsqu'ils transigent avec l'enseignant de leur enfant.

Pour cela, il faut simplement être conscient que, si nous éprouvons un sentiment d'insécurité, de doute par rapport au professeur ou parent avec qui nous travaillons en collaboration, il faut toujours nous demander: *Est-ce bien fondé? D'où vient cette insécurité ou ce manque de confiance que je ressens? Est-ce lié à la personne ou à une expérience passée?* Vous verrez que, une fois que vous aurez trouvé, le malaise disparaîtra, car vous l'aurez amené à votre conscience.

Le contact

Établissez un contact avec vos collaborateurs et faites-leur sentir que vous êtes comme eux. Pour établir un rapport avec eux, n'hésitez pas à reprendre leurs expressions et des mots qu'ils ont utilisés, à vous situer dans l'espace comme eux. Synchronisez vos mouvements avec les leurs. Ayez une posture d'ouverture. Alors, évitez de vous croiser les bras et placez-vous côte à côte et non directement en face. Ces petits gestes simples, inspirés de la PNL, (programmation neuro-linguistique) peuvent contribuer grandement à l'établissement d'une relation de collaboration et de non-confrontation.

Le respect de l'autonomie des gens

Comprendre ce concept n'est pas sorcier. Rares sont les personnes qui aiment recevoir des ordres. Même si certaines personnes font ce qu'on leur demande, elles peuvent, à un certain moment, résister et le faire à contrecœur. La personne accumulera des frustrations et résistera éventuellement à la collaboration. Il faut alors respecter ce besoin d'autonomie. Pour cela, il est important d'offrir à la personne des choix et, au cours du processus de collaboration, elle aura plus de chance de se prêter à l'exercice et le fera de bon cœur. Plus les parents ou les professeurs devront compromettre leur liberté de choix, plus il y aura des risques d'échec dans le processus de collaboration. Plus un parent imposera aux autres intervenants sa façon d'intervenir avec l'enfant, moins il y aura de probabilité que ces intervenants pratiquent les recommandations du parent. La clé de la réussite est que chaque personne puisse faire des choix conscients en vue d'un objectif commun.

Être flexible et ouvert aux autres

Un concept que j'ai bien aimé pour illustrer votre ouverture aux autres est inspiré des bouddhistes. Ces derniers nous montrent qu'il y a quatre attitudes à l'apprentissage. Ils représentent la personne comme un grand bol et l'apprentissage sert à remplir votre bol de connaissances.

• Votre bol est plein:
je sais tout

Il y a des personnes pour qui le bol est déjà rempli, donc impossible d'en ajouter. Vous avez sûrement déjà entretenu une conversation avec une personne qui en sait toujours plus que vous, ou qui ne démontre aucune ouverture aux opinions ou aux connaissances des autres. Ils savent tout!

• Votre bol est troué:
j'écoute mais je ne retiens pas

Ces gens semblent vous écouter, mais ce qui se dit ne reste pas entre les deux oreilles. Ils ne se rappellent rien de ce que l'autre a dit. Cette attitude n'est guère mieux, car ils ne retiennent ou n'appliquent pas ce qu'ils entendent.

• Votre bol est renversé:
je n'écoute rien, je suis fermé

Un peu comme notre personne qui sait tout, celle dont le bol est renversé démontre encore plus de fermeture, car le bol ne peut recueillir les informations, les partager, bref aucune écoute! Il est donc très difficile de collaborer et d'échanger avec des gens qui ont cette attitude.

• Votre bol est vide ou presque: je revisite ce que
je connais et j'ajoute ce qui semble bon pour moi

Je crois que c'est l'attitude à adopter dans la vie, et ce, à tous les égards. Je ne connais pas tout et, surtout, j'ai besoin de m'ouvrir à de nouvelles réalités. C'est vraiment ce que j'apprends quand je côtoie des enfants ayant des besoins particuliers.

L'ouverture et l'écoute sont des éléments essentiels à développer pour accéder à toute la puissance de la collaboration. Si, en tant que professeur ou parent, nous savons déjà ce qui est bon pour l'enfant sans revisiter ce que nous connaissons, alors nous passons à côté d'une occasion d'apprendre et de collaborer. Si, comme parent, vous êtes fermé et dans un esprit de méfiance, alors votre bol est fermé et vous vous nuisez.

CHACUN POUR SOI DANS L'ATTEINTE DU BUT COMMUN

Les gens pensent en tout premier lieu à leurs besoins. Par exemple, le professeur pensera aux besoins de ses élèves, mais avant tout, il pensera à ce qui lui permettra d'enseigner et de garder l'équilibre dans sa classe. Il pensera aussi à ses propres besoins: son sentiment de mieux-être, son besoin de valorisation et d'accomplissement, *etc.* Bref, chaque personne a des besoins différents et similaires.

Afin de respecter les besoins de chacun, ceux de l'enfant, du parent et du professeur, il est important de trouver un objectif commun et que chacun puisse répondre à un de ses besoins égoïstes. Ici, le terme *égoïste* n'est nullement péjoratif. Il faut que la relation soit gagnante pour tous.

Pour favoriser la collaboration, il est important que tous développent leur altruisme. Cela veut parfois dire reconnaître les besoins des autres et mettre les siens de côté afin de vraiment développer la relation de collaboration. Il ne s'agit pas de négliger ses propres besoins, mais simplement de reconnaître aussi les besoins des autres afin de favoriser une relation gagnante.

Confiance, ouverture, dialogue, positivisme, relation, collaboration. Débarrassez votre bol de tout ce qui pourrait nuire à la collaboration avec l'enseignant ou le parent. Ne gardez que ce qui dynamise la relation de collaboration.

Que se passera-t-il si une de ces conditions n'est pas respectée? Vous aurez alors des gens agressifs, fuyant la situation, ou bien des gens inertes. C'est parfois ce qu'on voit chez certains parents qui évitent les rencontres avec les intervenants ou qui accusent les autres des difficultés de leur enfant.

❈ En résumé

- *Il est important de voir les besoins des gens derrière le comportement.*
- *La reconnaissance et le besoin d'accomplissement sont des besoins essentiels, tant pour les parents que pour les professeurs.*
- *S'assurer que les gens sont confiants et se sentent en sécurité est une étape à ne pas négliger.*
- *L'autonomie de chacun est un élément essentiel. Chacun doit faire des choix et ne pas sentir qu'on impose un ordre.*
- *Les besoins de chacun doivent être respectés pour développer une relation gagnante pour chacun.*
- *Soyez ouvert aux possibilités, à l'aide des autres et à leurs divers points de vue.*

Questions pour vous aider à vous observer en action lors des rencontres:

1. *Suis-je attentif aux besoins des autres intervenants présents?*..
....
....

2. *Est-ce que les gens se sentent en confiance en ma présence?* ....
....
....

3. *Comment est-ce que je respecte l'expertise des intervenants?* ....
....
....

4. *À quels moments est-ce que je sens que je fuis une situation?* ....
....
....

5. *Qu'est-ce qui me frustre et comment puis-je transformer cette frustration?*..
....
....

6. *Comment puis-je clarifier mes besoins, mes attentes et ce que j'ai à offrir?* ....
....
....

« L'authenticité est un des éléments
essentiels dans la collaboration.
Clarifiez votre offre et la demande viendra! »

— DEEPAK CHOPRA

❊ LE MOT DU COACH

Voici un exercice afin d'identifier vos besoins et d'être capable de les communiquer:

- *Quels sont mes besoins?* . . . .
  . . . .
  . . . .
- *Quels sont les besoins des intervenants?* . . . .
  . . . .
  . . . .
- *Quelles sont les motivations qui me poussent à travailler au développement de mon enfant?* . . . .
  . . . .
  . . . .
- *Comment puis-je contribuer à la satisfaction des besoins de chacun afin que notre collaboration soit gagnante pour tous?*
  . . . .
  . . . .
- *Dessinez votre bol et ajoutez-y vos besoins compte tenu de vos apprentissages et de vos acquis à ce jour. Qu'avez-vous à offrir à cet enfant? À votre entourage?* .
  . . . .
  . . . .

La dynamique des relations selon Karpman

Un autre modèle qui m'a grandement inspirée dans l'établissement de mon réseau et, surtout, dans le but de travailler dans le même sens que l'équipe de soins est le modèle de la dynamique des relations de Karpman. C'est grâce à la compréhension de ce qui se passe dans une dynamique négative que j'ai pu modifier le résultat des interactions avec l'école, les spécialistes et ma famille. Ce triangle relationnel explique très bien ce qui peut se produire de négatif quand on entre dans un des rôles de VICTIME, SAUVEUR ou PERSÉCUTEUR. Il n'est pas rare, en tant que parents, que nous adoptions le rôle de *victime*, surtout quand nous acceptons difficilement l'état de notre enfant. Nous pouvons aussi devenir un *persécuteur* envers l'enseignant quand nous sommes frustrés, ou nous cherchons à blâmer les autres pour la condition de notre enfant.

LA DYNAMIQUE DES RELATIONS SELON KARPMAN

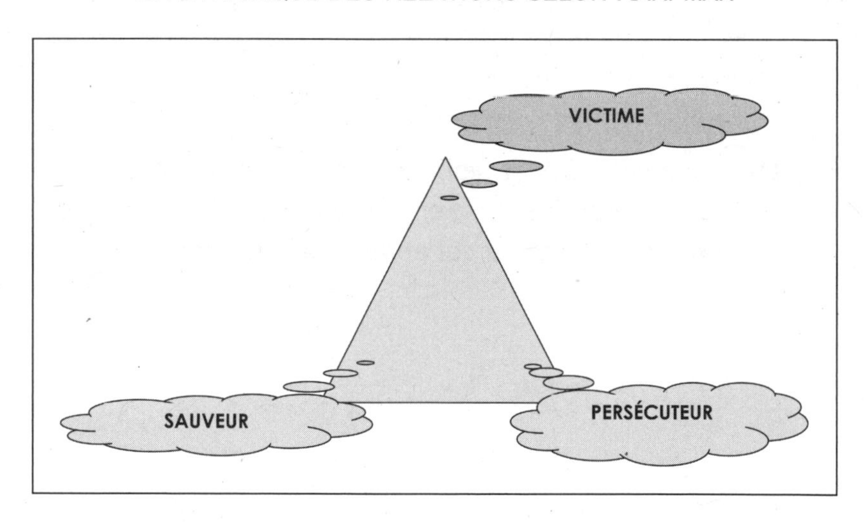

En somme, ces trois pôles sont négatifs et il est important de sortir de ce triangle relationnel. Pour vous aider à mieux saisir les différentes dynamiques, voici les caractéristiques des différents types.

▸ *Le rôle de Sauveur: le parent nourricier*

SES CARACTÉRISTIQUES: Il veut aider les autres même sans que ces derniers l'aient demandé. Il est convaincu qu'il doit absolument faire quelque chose. C'est souvent la pitié, la culpabilité ou simplement l'anxiété qui mettent le sauveur en action.

Il croit savoir mieux que quiconque ce qu'il faut faire, il se sent indispensable et irremplaçable même si on ne lui a rien demandé. Il est porté à croire que le monde ne peut fonctionner sans lui, que la personne en face de lui est incapable de se débrouiller seule ou de se prendre en charge. Il a une âme charitable et un grand cœur, mais il protège la personne sans tenir compte de ses besoins réels.

PHRASES TYPIQUES UTILISÉES PAR LE SAUVEUR: *Je me charge de tout. Appuyez-vous sur moi, je suis solide comme le roc. Racontez-moi vos malheurs, je vous comprends.*

PARENT SAUVEUR: *Voici la solution que j'ai trouvée pour vous, elle vous plaît?*

ENSEIGNANT SAUVEUR: *Voici le plan d'intervention qui aidera votre enfant dans son apprentissage.*

Le rôle de la Victime : le parent impuissant

SES CARACTÉRISTIQUES : Il se sent incapable de prendre des décisions et attend de l'aide des autres, tout en manifestant des comportements d'impuissance et des attentes déraisonnables. Il attend de la pitié des autres afin d'obtenir de l'encouragement et de l'aide.

PHRASES TYPIQUES : *Je suis débordé de travail. Je suis incapable de m'en sortir. Je suis seul au monde.*

PARENT VICTIME : *... de toute façon, même si je tente quelque chose, c'est vous qui aurez le dernier mot.*

ENSEIGNANT VICTIME : *Je me sens totalement dépassé par les événements, jamais je n'arriverai à éduquer cet élève qui a des troubles d'apprentissage.*

Le rôle de Persécuteur : le parent excessivement autoritaire

SES CARACTÉRISTIQUES : Il se croit plus efficace s'il est très sévère ou méchant. Il blâme, infériorise, fait la morale. Il s'imagine que le fait de dominer les autres est plus efficace mais c'est le contraire qui se produit, car la victime se rebellera ou le sauveur viendra au secours de la victime.

PHRASES TYPIQUES : *Maintenant, je tiens ma revanche, vous n'en seriez pas là si vous m'aviez écouté, le mien est mieux que le tien…*

PARENT PERSÉCUTEUR : *Vous n'avez pas le choix d'accepter mon fils tel qu'il est et d'adapter vos méthodes d'enseignement aux besoins de mon enfant.*

Enseignant Persécuteur: *Je suis là pour répondre aux besoins de votre enfant et maintenant vous êtes mécontents de mes services!*

Nous nous promenons d'une position à une autre. Tout dépend du rôle que vous prendrez ou du rôle de l'autre personne. Cela étant dit, le Sauveur deviendra la Victime si ses efforts ne sont pas reconnus,ou il deviendra le Persécuteur de la victime qu'il a voulu sauver contre son gré et qui ne lui est pas reconnaissante. Ce triangle relationnel amène automatiquement une destruction de la relation.

Pour arrêter ce jeu destructeur, il faut savoir en prendre conscience, s'autoobserver et éviter le piège de l'un de ces rôles. Voici des trucs plus précis:

- *Se convaincre que ces jeux et rôles peuvent être destructeurs;*
- *Développer en soi la capacité de se voir pris au jeu de ce triangle;*
- *Savoir repérer, dans son entourage, les gens qui prennent certains de ces rôles;*
- *Répondre avec humour à une provocation, cela y met fin parfois;*
- *Être en contrôle et aux commandes de ses réactions. Il est parfois plus facile de réagir que de se sortir de ce jeu de relations;*
- *Ce sont nos réponses et réactions qu'il faut changer afin de ne plus subir les effets négatifs de ce triangle.*

Dessiner le futur de votre enfant

« Les pensées que nous choisissons d'entretenir sont les instruments qui nous servent à tisser la trame de notre vie. »

— LOUISE HAY

Pour parvenir à croire et à ce que dessine un futur positif pour votre enfant, il faut changer votre attitude et, surtout, orienter vos questions pour passer du problème à la solution.

Pour bien vous expliquer ce concept, j'aimerais vous présenter un autre modèle tiré de Cooperrider (1996). Ce dernier illustre bien comment une attitude axée vers les solutions vous permettra de poser un regard positif sur l'avenir et, peu importe les défis, vous aurez la force de persévérer et de définir ce que vous désirez pour votre enfant et vous-même.

Selon moi, le modèle axé sur les solutions est plus puissant et met l'accent sur les forces et la situation désirée. Voici un exemple en se basant sur les besoins de ma fille.

Modèle axé sur les solutions de Cooperrider

Ce modèle est simplement une suite logique de questions axées sur les solutions et non sur les problèmes, dans lequel on retrouve quatre étapes précises: *découvrir, rêver, décider, innover.* Reprenons ici chacune d'elles.

▸ *Découvrir*

La première étape de ce modèle consiste à découvrir, à apprécier et à mettre en valeur ce qui fonctionne et ce qui est. Il est évident que, lorsque nous avons un enfant qui ne cadre pas dans les normes, nous avons tendance à mettre l'accent sur tout ce qu'il faut corriger chez lui. Je vous invite maintenant, grâce à ce modèle, à faire l'inverse.

Pour ma fille, je voyais son besoin d'être avec les autres. Elle était une petite fille très serviable et curieuse. Elle était très intriguée par la douleur des autres. Elle souriait toujours et voulait tellement aider. Je voulais aussi découvrir ce qu'elle pourrait apporter à son entourage grâce à ses belles qualités.

▸ *Rêver*

Maintenant, la deuxième étape consiste à rêver de ce qui pourrait être. Permettez-vous d'imaginer ce que pourrait être un monde idéal pour votre enfant. Ne vous fiez pas à ce qui existe déjà et si c'est réaliste. Simplement, laissez-vous rêver à ce que vous souhaitez pour votre enfant. Je rêvais d'un centre pour ma fille qui lui offrirait une éducation adaptée à ses capacités. D'une équipe de spécialistes qui aimeraient Daphnée tout en étant dévoués et qui, surtout, lui offriraient des méthodes d'éducation innovatrices et stimulantes. C'est d'ailleurs grâce à cette rêverie que j'ai pu ouvrir le Centre Harmonie.

▸ *Décider*

La troisième étape consiste à décider de ce qui devrait être. Vous savez ce dont votre enfant a besoin pour s'épanouir. Écrivez les éléments essentiels à son épanouissement. Décidez ensuite que vous n'exigerez rien de moins. Pour favoriser le développement optimal de Daphnée, afin qu'elle puisse apprendre à son rythme et être bien intégrée dans une école, elle devrait avoir un professeur attentionné, expérimenté et dévoué.

Elle devrait bénéficier d'un soutien constant pour l'aider dans sa socialisation avec les autres enfants.

Elle devrait avoir un suivi et obtenir des séances avec un orthophoniste, de même qu'avec un ergothérapeute.

▶ *Innover ce qui sera*

Finalement, la quatrième étape, et non la moindre, vous permettra de passer à l'action. Partagez votre vision de ce que vous voulez pour votre enfant. Mettez l'accent sur le positif, sur les éléments qui devront être mis en place, et innovez.

Même si je savais que ces services étaient limités dans les écoles, je devais trouver une façon d'offrir à ma fille les services énumérés ci-haut. Innover fut alors de créer le réseau de soutien qui visait à concrétiser ce qui devrait être.

Ce modèle vous permettra de devenir un *accompagnateur* de l'enfant vers sa réussite. Vous devenez le *défenseur des droits* de votre enfant et vous pouvez *sensibiliser et expliquer* aux gens les réactions et le pourquoi derrière ses comportements. Offrez de la *protection* et du *soutien* lorsque votre enfant a des difficultés. Prenez les devants, démontrez votre *persévérance*, votre *présence*, votre *patience* et votre *amour inconditionnel*.

Modèle axé sur le problème

Maintenant, prenons l'exemple d'une approche opposée qui est axée sur le problème. C'est le modèle le plus utilisé dans nos systèmes scolaires. Malheureusement, ce dernier nous limite dans la réalisation des objectifs et, surtout, dans le développement du potentiel de l'enfant. En effet, je peux vous affirmer, pour l'avoir vécu à maintes reprises, que les enfants à besoins spéciaux nous surprennent continuellement! Jamais nous n'aurions pu imaginer que cette enfant pourrait réaliser des tâches avec le modèle axé sur le problème. C'est plutôt grâce au modèle axé sur les solutions que nous avons pu être créatifs et voir de grandes réalisations de la part de l'enfant! Je vous laisse tout de même lire et constater afin que vous puissiez le reconnaître et, possiblement, le modifier. Je crois que les approches favorisées dans les plans d'intervention que nous utilisons dans nos systèmes scolaires sont trop près du modèle axé sur le problème. Je pense que nous aurions plutôt intérêt à les adapter au modèle axé sur les solutions.

Définir le problème

Ma fille Daphnée avait tous les problèmes suivants: difficultés de langage, troubles sensoriels, difficultés motrices, hyperactivité, déficit d'attention, agressivité, difficultés de socialisation.

Analyser les causes

- Les causes sont multiples et inconnues. Troubles neurologiques à la base.

Solutions possibles

- Obtenir des séances de réadaptation du langage et de réadaptation motrice;
- Obtenir les services d'un accompagnateur pour la socialisation;

- Obtenir du soutien pour l'enseignant ;
- Obtenir le soutien d'un psychoéducateur pour les troubles du comportement.

Plan d'action

- Demander le soutien d'un accompagnateur en tout temps à l'école ;
- Impliquer le centre de réadaptation dans le plan individualisé de Daphnée ;
- Fixer une priorité et réévaluer tous les deux mois.

En réexaminant ces modèles, lequel vous amènera à créer le futur désiré pour votre enfant et pour votre famille? En somme, la physique quantique démontre bien que plus nos pensées sont négatives, plus nous attirerons du négatif dans notre vie. Le contraire est aussi tout à fait possible. C'est pourquoi plus vous miserez et penserez à ce que vous rêvez qui soit, plus vous pourrez créer cette réalité. Par conséquent, plus vous fixerez votre attention sur quelque chose de positif, plus ce positif se reflètera dans votre vie. Tout est entre vos mains! Centrez votre attention sur vos ressources, vos forces et passez à l'action. Ne vous laissez pas influencer par les gens qui utilisent le modèle axé sur le problème. Devenez un agent de changement et, surtout, influencez votre milieu à faire de même.

Il est important d'initier le ton de la conversation lors de vos rencontres avec les différents intervenants ou avec le professeur de votre enfant. Dites ce qui fonctionne bien et centrez votre conversation sur les possibilités et les ressources.

❃ Le mot du coach pour vos rencontres

Développez votre imaginaire et supprimez les limites. Avant votre rencontre, posez-vous les questions suivantes:

- *Qu'est-ce que je veux créer pour l'enfant?* ....
....
....
- *Quelles sont les possibilités?* ....
....
....
- *Comment puis-je tirer le meilleur de la situation?* ......
....
....
- *Quels sont les mots qui vous viennent en tête lorsque vous vous posez ces questions? Écrivez-les sans vous attarder à leur signification.* ....
....
....

❃ ❃

« La plus grande récompense de nos efforts n'est pas ce qu'ils nous rapportent, mais ce qu'ils nous permettent de devenir. »

— John Ruskin

La visualisation, un outil puissant pour créer un futur positif

« Imaginer, c'est choisir. »

— Jean Giono

Pour vous aider à imaginer un futur positif pour votre enfant, je vous invite à pratiquer la visualisation. Le soir, avant de vous endormir, permettez-vous de penser à toutes les qualités de votre enfant. Voyez-le souriant, riez avec lui et enveloppez-le d'une belle bulle protectrice. Prenez le temps de bien respirer et, plus particulièrement, de ressentir des émotions liées au calme, à la confiance et au mieux-être. Voyez votre enfant entouré de gens qui l'aiment et qui l'aident dans son épanouissement. Prenez le temps de visualiser votre enfant, de voir les couleurs, les personnes autour de lui et, surtout, entourez-le d'amour.

5

PRENDRE SOIN DE SOI ET DE SA FAMILLE

Préserver et refaire votre énergie

Un de mes nombreux apprentissages tirés de cette expérience parentale est de savoir quand nous devons prendre soin de nous. J'ai souvent oublié ou évité d'écouter les signes que mon corps m'envoyait, car je me concentrais sur les besoins de ma famille et particulièrement de mon enfant. Cela a provoqué certains problèmes de santé. Notamment, j'ai fait une dépression nerveuse lorsque Daphnée avait deux ans. À ce moment-là, je n'avais pas vu les signes, et même si j'en avais perçu certains, comme une grande fatigue, je les aurais ignorés. L'impact fut très important, car lors de cette dépression, j'étais incapable de prendre soin de ma fille. Alors, pour vous qui êtes prévenus, prenez au sérieux les signes d'épuisement et demandez de l'aide. Il est surtout très important de savoir comment renouveler vos réserves d'énergie.

Si on comparaît votre corps à un ordinateur, on pourrait dire qu'il devient figé ou gelé lorsqu'il est *désancré*, et faire de l'exercice physique permet au corps de se réaligner. C'est donc comme un redémarrage de votre ordinateur. Concept intéressant pour les parents ou professeurs qui ont besoin de recharger leurs piles afin de mieux travailler avec les enfants. Cela est aussi vrai pour la respiration. Lorsque je sens que mes piles sont à plat, je fais quelques exercices de respiration et je lance un « Ahhhhh » en expirant. Cela permet de relâcher les tensions dans mon corps. L'exercice physique me permet aussi de mieux respirer et de relâcher les toxines que j'ai emmagasinées à cause du stress subi. En effet, en plus du stress quotidien normal, prendre soin d'un enfant ayant des besoins spéciaux et l'éduquer vous ajoute un stress. Apprenez à respirer, faites de l'exercice et préservez votre énergie. Cela rechargera aussi vos piles.

Ce truc simple mais tellement efficace vous permettra de rester plus calme en toutes circonstances. Après tout, le fait de s'énerver et de mal réagir ne fait qu'envenimer les choses et provoquer un stress additionnel pour l'enfant.

❋ Le mot du coach

- *Qu'est-ce qui vous redonne de l'énergie?* ....
  ....
  ....
- *De quelle façon pouvez-vous insérer ces actions dans votre horaire au quotidien?* ....
  ....
  ....

❋ ❋

Trouver ce qui vous donne de l'énergie

Afin de ne pas vous oublier, il est important de garder en perspective ce qui vous fait plaisir Vous oublier comme parent et comme couple est très fréquent.

- *Qu'allez-vous mettre en place chaque jour afin de vous redonner de l'énergie?* ....
  ....
  ....

- *Que ferez-vous pour garder votre couple bien en vie? Quelles activités ferez-vous?* ....
  ....
  ....

- *Quelles activités vous reconnectent à votre noyau familial?* ....
  ....
  ....

Faites un tableau hebdomadaire de vos activités énergisantes. Vous pouvez vous référer au tableau de la page suivante.

Mes activités énergisantes			
	Moi	**Couple**	**Famille**
Lundi	Yoga		Lecture ensemble dans mon lit
Mardi		Petite tendresse	
Mercredi	Yoga		Cuisiner
Jeudi		Souper en amoureux	
Vendredi	Lecture personnelle		Film
Samedi		Soirée aux chandelles	Bricolage en famille
Dimanche	Aérobie		Visite d'un parc

Activités énergisantes			
	Moi	**Couple**	**Famille**
Lundi			
Mardi			
Mercredi			
Jeudi			
Vendredi			
Samedi			
Dimanche			

Organiser votre vie familiale pour vivre en harmonie

Étant une personne très spontanée, l'organisation n'était pas très développée chez moi. Je peux organiser des activités de façon exemplaire, mais à la maison je n'aimais pas vraiment organiser les tâches et le quotidien. Par contre, Yannick, mon nouveau conjoint, est celui qui m'a beaucoup aidée dans ce domaine. Depuis son arrivée dans nos vies, il apporte cette structure et la routine dont nous avons besoin. Daphnée a fait de grands progrès. J'ai compris que ma fille (et que tous les enfants dans sa condition) a besoin de structure et de routine pour mieux fonctionner. Je me suis dit alors qu'il fallait que je monte un système d'organisation familiale.

Voici, en quatre étapes, le processus que j'ai suivi afin de m'aider à organiser ma vie familiale et qui pourra vous aider à monter votre propre système d'organisation familiale.

Identifier quelle est votre dynamique familiale est très important et permettra aussi de mieux comprendre quels sont les besoins de votre enfant. En suivant les étapes qui suivent, vous pourrez alors vous sentir en confiance, agir rapidement sur les éléments à modifier et ainsi retrouver un équilibre harmonieux au sein de votre famille.

▸ *ÉTAPE 1 : Faites l'inventaire de la famille*

Écrire sur papier ce qu'est la réalité familiale et quels sont les éléments que vous voulez changer. C'est donc en prenant conscience de vos irritants que vous pourrez identifier ce qui est à changer. De plus, c'est en sachant que tous les membres de la famille peuvent participer que vous éliminez le stress et, surtout, vous ne prendrez pas tout le fardeau sur vos épaules.

1. Identifiez ce que vous voulez changer dans votre famille

Dans le tableau ci-joint, identifiez en tout premier lieu votre principale valeur familiale; celle-ci sera votre objectif familial. Lorsque vous sentirez que cet objectif est menacé, ce sera un signe qu'il faut changer un ou des irritants. Par exemple, dans notre famille, notre objectif premier était le respect de chacun. C'est un concept vaste, mais dès que nous ne respections pas l'espace ou le milieu de l'autre, cela causait un conflit. Je peux vous dire que ma fille était une experte dans l'art de toucher à tout ce qui ne lui appartenait pas. Cela provoquait de nombreux conflits, entre autres avec sa sœur et avec moi, car elle prenait sans cesse des objets qui ne lui appartenaient pas. J'ai compris qu'elle avait ce comportement lorsqu'elle n'avait pas de structure.

Voici un exemple de ce que j'ai identifié à la maison chez moi.

OBJECTIF FAMILIAL : ***HARMONIE ET RESPECT DE CHACUN***	
Identifiez les **PROBLÈMES**	Les **CHANGEMENTS** désirés
1. Daphnée touche à tout et ne range pas ses jouets	Avoir un système pour les activités
2. Les crises de colère de Chloé lorsque Daphnée touche à ses jouets	Comprendre quel est le territoire de l'autre
3. Mon sentiment de toujours courir	Demander de l'aide

C'est à votre tour, voici le tableau à remplir!

OBJECTIF FAMILIAL :	
Identifiez les **PROBLÈMES**	Les **CHANGEMENTS** désirés

2. Faites le grand ménage

Identifiez VOS IRRITANTS, les CHANGEMENTS désirés, et les ACTIONS et RESSOURCES dont vous disposez pour vous aider. Cela vous permettra de bien identifier les éléments qui drainent votre énergie et, surtout, de mettre l'accent sur vos solutions et vos ressources. Et pour chacun des éléments, trouvez une solution ou une ressource que vous mettrez en pratique dans les prochaines semaines. En déterminant les actions à faire, demandez-vous si vous êtes la seule personne qui peut accomplir ces actions, ou tentez d'identifier d'autres membres de la famille qui le pourraient. La reconnaissance des forces de chacun est importante afin d'atteindre votre objectif familial, car tous les membres de la famille doivent trouver leur place et contribuer à l'atteinte de cet objectif.

Exemple:

OBJECTIF FAMILIAL : ***HARMONIE ET RESPECT DE CHACUN***		
Identifiez les **IRRITANTS**	Les **CHANGEMENTS** désirés	**ACTIONS** et **RESSOURCES**
Les tâches ménagères	Chacun fait sa part	Faire une liste de tâches et chacun choisit la sienne
	Avoir plus de temps en famille	Embaucher une aide ménagère (une fois par semaine)
	Apprécier les espaces de la maison	Établir un système de récompenses pour les tâches accomplies par les enfants
Les papiers en désordre	Avoir un système de classement hors de la portée des enfants	Placer mon classeur dans la pièce de travail
	Réserver une plage à mon horaire pour le classement de la paperasse	Lundi matin entre 11 h et 12 h
	Organiser un système de paiement des factures	Mon conjoint rassemble et paie les factures
La course pour les rendez-vous	Avoir plus de temps pour moi	Partager les rendez-vous entre conjoint et moi (y aller une semaine sur deux)
	Avoir du temps de qualité en famille	La règle des 90 secondes

Maintenant, faites le ménage de vos irritants et identifiez les ressources dont vous aurez besoin pour vous aider à être plus en harmonie avec vos valeurs et votre objectif familial.

<table>
<tr><th colspan="3">OBJECTIF FAMILIAL :
....</th></tr>
<tr><th>Identifiez les IRRITANTS</th><th>Les CHANGEMENTS désirés</th><th>ACTIONS et RESSOURCES</th></tr>
<tr><td rowspan="3"></td><td></td><td></td></tr>
<tr><td></td><td></td></tr>
<tr><td></td><td></td></tr>
<tr><td rowspan="3"></td><td></td><td></td></tr>
<tr><td></td><td></td></tr>
<tr><td></td><td></td></tr>
<tr><td rowspan="2"></td><td></td><td></td></tr>
<tr><td></td><td></td></tr>
</table>

▸ *ÉTAPE 2 : Organisez votre vie familiale*

1. *Identifiez les irritants et les tâches que vous pourriez déléguer.*
2. *Vérifiez quelles sont les ressources disponibles et les actions que vous pouvez mettre en place afin de vous libérer de ces irritants ou d'atteindre le changement désiré.*

LISTE DES TÂCHES ET DES ACTIVITÉS		
TÂCHES JOURNALIÈRES	**MOMENT FRÉQUENCE**	**RESPONSABILITÉ**
Préparer les soupers	Tous les soirs	Maman
Préparer les lunches du midi	Tous les jours après le souper	Filles
Faire les devoirs	Avant le souper	Maman avec les filles
Ranger les chambres et faire le lit	Le matin avant le départ pour l'école	Chacune des filles
TÂCHES JOURNALIÈRES	**MOMENT FRÉQUENCE**	**RESPONSABILITÉ**
Rendez-vous chez l'orthophoniste	Toutes les semaines	Maman et papa
Téléphonez au professeur	Au besoin	Maman
Ménage complet	Toutes les semaines (le jeudi)	Aide ménagère
Rattrapage scolaire	Toutes les semaines (le lundi)	Aide scolaire

Quelles sont les tâches qui doivent être faites au quotidien? Faites un horaire visuel et affichez-le sur le frigo afin que les enfants aient des repères visuels. Cela les aide à se structurer dans le temps.

Liste des tâches et des activités		
Tâches journalières	**Moment Fréquence**	**Responsabilité**
Tâches journalières	**Moment Fréquence**	**Responsabilité**

Voici un bref aperçu d'un horaire que j'affiche sur le frigo afin que tous puissent le consulter.

HORAIRE			
	AVANT-MIDI	APRÈS-MIDI	EN SOIRÉE
Lundi			Aide aux devoirs Souper Préparer les lunches Bain Période libre
Mardi			Aide aux devoirs Souper Préparer les lunches Bain Période libre
Mercredi			Aide aux devoirs Souper Préparer les lunches Bain Période libre
Jeudi		Aide ménagère	Aide aux devoirs Souper Préparer les lunches Bain Période libre
Vendredi	Orthophoniste		Aide aux devoirs Souper Préparer les lunches Bain Période libre
Samedi	Natation		
Dimanche		Yoga maman	

Pour les enfants, vous pouvez afficher les tâches selon les différents horaires, soit une pour le matin et une autre pour la soirée. En plus, afin de guider les enfants dans leurs choix pendant leurs périodes libres, ils préparent une liste de ce qu'ils aimeraient faire. Par exemple, ma fille Daphnée aime les casse-têtes, les blocs de Lego, les livres, les bricolages. Pour ma plus jeune, Chloé, elle aime les jeux à l'ordinateur, les jeux de poupées, les bricolages. Le but est donc de les aider à organiser leur horaire, de leur offrir des stratégies d'organisation et de leur permettre de faire des choix quant aux jeux durant leur période libre. Un conseil: aidez-les à préparer leur liste de jeux pour leurs périodes libres et indiquez-leur quels sont les meilleurs jeux pour le matin ou le soir. Vous pouvez faire une petite lune ou un petit soleil pour les différencier.

Voici un exemple d'horaire à imprimer et à afficher sur le mur de leur chambre ou sur le réfrigérateur.

TÂCHES DU MATIN	TÂCHES DU SOIR
• Habillement • Faire son lit • Déjeuner • Préparer son sac d'école • Brosser ses dents et peigner ses cheveux • Période libre	• Aide aux devoirs • Souper • Préparer les lunches • Bain • Choix des vêtements pour demain • Période libre

▶ *ÉTAPE 3: Passez à l'action*

1. *Organisez une rencontre de planification, obtenez l'engagement de tous les membres de la famille et établissez des règles de conduite*

Afin que tous les membres de la famille participent à ce nouveau système de gestion des tâches, faites une rencontre afin que chacun puisse voter sur les tâches qu'il désire faire, puis partagez ensuite l'horaire. Avant de faire la rencontre, établissez un petit ordre du jour afin que tous sachent le but de la rencontre. Obtenir l'engagement de chacun est important.

Au début, vous pouvez aussi établir des règles de conduite durant ces réunions familiales. Tous participent à les choisir, ensuite vous les inscrivez sur un grand carton.

Voici des exemples :

- J'écoute quand une personne parle.
- Je donne mon opinion.
- Je respecte les idées des autres même si elles sont différentes des miennes.

❃ Le mot du coach

- *Quelles sont vos règles de conduite, celles que vous allez choisir ensemble?* . . . .
  . . . .
  . . . .
- *Énumérez les trois à cinq règles que vous mettrez en pratique au cours des prochains jours.* . . . .
  . . . .
  . . . .
- *Quel serait le meilleur moment en famille pour établir ces règles? Et comment les introduirez-vous?* . . . .
  . . . .
  . . . .

❃ ❃

2. *Instaurez un système de récompenses*

Il est important d'instaurer un système de petites récompenses, du moins au début, afin de montrer à l'enfant qu'il sera récompensé lorsqu'il aura fait ce qui lui a été demandé. Notez que ces récompenses peuvent être, par exemple, passer un moment privilégié avec un parent, ou lui offrir un choix de jeux ou de films, *etc*. Bref, établissez dès le début de la semaine quelle sera la récompense. Pour les tout-petits, il faudra peut-être avoir une récompense le jour même. Dans le cas de ma fille, bien qu'âgée de 9 ans, elle a besoin de renforcement positif constamment. Elle a donc un privilège dès qu'elle a accompli les tâches inscrites dans son horaire. Lorsqu'elle aura une meilleure compréhension du concept du temps, nous pourrons alors promettre une récompense plus tardive.

Les règles doivent être établies clairement. Si vous devez continuellement rappeler à l'enfant ce qu'il doit faire, cela ne sera peut-être pas sans conséquences. Ainsi, au début, accompagnez l'enfant avec sa fiche de tâches et, ensuite, retournez-le à sa feuille et demandez-lui ce qu'il doit faire. Si l'enfant résiste ou n'accomplit pas ce qu'il doit faire, établissez ensemble les conséquences (perte du privilège ou autre). Il est donc important d'avertir l'enfant de la conséquence si ce dernier ne fait pas ce à quoi il s'est engagé. Persévérez même dans le doute.

❊ Le mot du coach

- *Quelles sont les récompenses qui fonctionnent avec votre enfant?* ....
  ....
  ....

- *Y a-t-il des récompenses qui fonctionnent bien à court terme et d'autres, à plus long terme? Par exemple, vérifiez si votre enfant doit avoir un système à plus court terme.* ....
  ....
  ....

Dans le cas de ma fille, si nous avions des récompenses seulement à la fin de la journée ou, pire encore, à la fin de la semaine, ce système était inefficace car elle perdait tout intérêt. De plus, comme elle a de la difficulté avec le concept du temps, la fin de la semaine lui semble terriblement loin.

▶ *ÉTAPE 4: Réévaluez ce qui fonctionne bien*

1. *Recueillez le* feedback *des membres de la famille*

Faites des rencontres pour recueillir le *feedback* de tous. Au début, vous pouvez le faire chaque semaine. Puis, une fois que la routine est acquise, vous pouvez espacer les rencontres.

Voici le type de questions que vous pouvez leur poser:

- *Comment se sentent-ils avec ce nouveau système?* . . .
  . . . .
  . . . .
- *Qu'est-ce qui fonctionne bien?* . . . .
  . . . .
  . . . .
- *Qu'est-ce qui doit être amélioré?* . . . .
  . . . .
  . . . .
- *Qu'est-ce qu'ils aimeraient continuer à faire?* . . . .
  . . . .
  . . . .

Ensuite, revoyez le système et, ensemble, apportez les modifications nécessaires. Rien ne sert de passer une heure sur les problèmes, insistez plutôt sur les solutions. Laissez-leur de la place pour verbaliser ce qu'ils désirent.

Reprenez ensuite un engagement pour une semaine ou plus si les changements sont mineurs.

Tout ce système d'organisation familiale est une façon de montrer aux enfants comment s'organiser et gérer les différentes situations. La valeur et les apprentissages d'une telle façon de procéder sont inestimables. Tous en retireront des bienfaits et, surtout, vous offrez aux enfants un excellent modèle. Ils observeront le modèle de gestion axé sur les solutions et non seulement sur les problèmes. De plus, ils verront aussi que chacun a un droit de parole et que leur opinion compte, pour autant que cela soit fait dans le respect de chacun.

« La plus petite action est meilleure que la plus grande intention. »

— Sun Tzu

Quelle sera la plus petite action que vous mettrez en pratique dès demain ?

6

D'AUTRES RESSOURCES POUR VOUS AIDER

« Veux-tu vivre heureux ? Voyage avec deux sacs : l'un pour donner, l'autre pour recevoir. »

— GOETHE

La médication pour ces enfants différents

Mon plus grand défi fut d'accepter les limites de mon enfant et aussi d'en voir le côté positif en faisant ressortir ses forces. Il était évident que ma fille avait de grandes qualités, cependant elles ne cadraient pas toujours avec notre système de valeurs. Il y a eu un moment où j'ai senti que Daphnée savait qu'elle était différente et qu'elle devait se battre pour se faire accepter, et ce, dès l'âge de quatre ans. Son plus grand défi est en effet la communication et la compréhension des règles sociales. Par conséquent, plus elle grandit, plus le degré de difficulté augmente. J'ai alors nettement vu son niveau d'anxiété augmenter aussi au fil des ans. En ce qui me concerne, au début, il n'était nullement question de médicamenter ma fille afin qu'elle se conforme à nos normes sociales. J'avais nettement l'impression que je devais plutôt changer la personnalité de ma fille afin qu'elle ait le comportement désiré. Je me suis rendue ainsi au bout de mes forces. À un certain moment, j'étais à bout de nerfs et je détestais presque qui elle était, car je n'en pouvais plus de vivre avec tous ses défis. En fait, elle m'épuisait et je n'avais plus le contrôle de ses agissements.

C'est à ce moment que j'ai compris que l'une de nous deux devrait être médicamentée. Je la sentais tout aussi malheureuse, car incapable de contrôler ses impulsions et, surtout, elle était fatiguée. J'ai donc tenté l'expérience et j'ai demandé qu'on fasse un essai. J'avais bien spécifié au médecin que je ne voulais aucun médicament fort, rien qui ferait en sorte que je ne percevrais plus son éclat et sa flamme intérieure.

Les premiers essais de la médication furent non concluants, mais ils amélioraient tout de même son hyperactivité. Par contre, les impulsions et les comportements compulsifs étaient toujours aussi stressants et insoutenables. Alors, je me suis encore rendue au point limite où je devais prendre une autre décision, c'est-à-dire suivre l'avis du médecin et accepter ce comprimé qui traiterait l'anxiété de ma fille. À contrecœur, je lui administrais ce médicament et, ô miracle, les comportements non désirables ont grandement diminué. Ma fille semblait se porter aussi bien, et heureuse surtout de pouvoir se contrôler. Ce fut une grande délivrance, mais je me suis dit que cette situation n'était que temporaire et que nous verrions, au fil du temps, ce dont son corps aurait besoin afin de mieux fonctionner. En effet, le cerveau de ma fille a un mécanisme différent et le désordre chimique qui s'ensuit doit être traité avec des médicaments.

❃ LE MOT DU COACH

- *Évaluez bien la situation et, surtout, ne tentez pas de jouer au super parent.*
- *Parfois, nous atteignons nos limites et, pour préserver l'équilibre familial, il faut accepter et suivre l'avis des spécialistes pour le bien de notre enfant et pour garder nos forces. Si la médication est un outil que vous pouvez utiliser afin d'aider votre enfant et maintenir un climat harmonieux dans votre famille, suivez votre intuition! Surtout quand c'est dans l'intérêt de l'enfant et le bien de tous!*

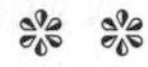

Le yoga, un outil à essayer

Ce n'est qu'après avoir moi-même essayé le yoga que j'ai réellement compris les effets positifs qu'il avait sur mon corps et mon esprit. En effet, après quelques minutes seulement de postures, j'ai immédiatement ressenti un bien-être intérieur et une concentration accrue. Je me sentais moins dispersée et moins préoccupée par ma situation. J'avais le sentiment d'être en totale connexion avec mon être.

C'est pourquoi j'ai pensé que le yoga serait un outil pratique pour les enfants qui manquent de concentration et de focus. Étant la maman d'une fillette qui démontrait des problèmes d'impulsivité, des troubles de concentration et une hyperstimulation à tout ce qui l'entoure, je lui ai alors montré quelques exercices de base pour se relaxer. Les effets furent immédiats. De plus, elle semblait aussi aimer les petits jeux et les postures que nous faisions ensemble. C'est alors que j'ai compris que, lorsque je lui disais de se calmer, il lui était impossible de comprendre comment faire. Le yoga lui offrait donc ces notions de base afin qu'elle puisse se recentrer et, surtout, reprendre contact avec son essence.

C'est également grâce à ces essais et après avoir constaté les bienfaits du yoga chez moi que j'ai créé la technique Pedayoga. Au tout début, je désirais offrir des conseils aux enseignants et aux parents sur les bienfaits du yoga. Rapidement, ce simple désir d'offrir de l'information est devenu une formation qui est devenue le guide Pedayoga. Maintenant, la collection comporte le guide Pedayoga incluant un CD de musique relaxante avec routine de yoga intégrée, ainsi que quelques livres d'histoires et d'activités pour les enfants. Ces petits livres furent tout un projet en soi. En effet, je désirais impliquer un enfant dans la création de ces histoires et j'ai choisi une jeune fille dysphasique de 12 ans qui est passionnée par l'écriture. C'est elle qui m'a aidée à créer les histoires Pedayoga, et ce fut une collaboration très inspirante. Ce projet m'a montré que ces enfants ont des talents et qu'il suffit de se donner le temps de découvrir leurs intérêts pour constater qu'ils peuvent nous impressionner. Pour en savoir plus au sujet de Pedayoga, la collection de livres ainsi que les services pour les enfants, visitez *www.pedayoga.ca.*

L'ensemble de ce projet m'a démontré que. lorsqu'on veut, oui, on peut. Il suffit de visualiser ce qu'on désire et ne pas s'arrêter au premier refus ou au premier obstacle. Il faut continuer et voir ce qu'on veut vraiment. C'est pourquoi il est important de savoir le quoi, le comment et, surtout, qui vous impliquerez dans votre projet. Ensuite, la magie de la visualisation s'installera, les bonnes personnes se présenteront. Ce qu'il vous restera à faire sera de continuer à vivre une vie équilibrée et de prendre soin de vous. N'oubliez pas, votre enfant vous a choisi comme parent et vous avez tout en vous pour réussir ce rôle. Entourez-vous de gens qui, comme vous, ont l'attitude que vous recherchez et vous aurez des ailes pour continuer votre voyage avec votre enfant.

« La vie n'est facile pour personne.
Et alors ? Nous devons persévérer et, plus
que tout, avoir confiance en nous-mêmes.
Nous devons croire que nous sommes doués
pour quelque chose, et que ce quelque chose,
peu importe le prix, doit être réalisé. »

— MARIE CURIE

7

PASSEZ À L'ACTION

Voici maintenant un résumé des étapes clés qui vous permettront de surmonter ce défi avec brio. Je vous invite à me contacter et à partager vos histoires de réussite via mon adresse courriel.

Volet coaching

▸ *Résumé des étapes clés*

1. VOTRE ATTITUDE

- *Quelle est mon attitude dans tout ce que je vis?* ....
  ....
  ....

- *Quelle attitude est-ce que je désirerais avoir?* . . . .
. . . .
. . . .

- *Comment puis-je être bienveillant envers moi-même dans mes étapes d'acceptation?* . . . .
. . . .
. . . .

❈ ❈

FICHE POUR VOUS AIDER À DÉVELOPPER VOS BESOINS

- *Sur une échelle de 1à 10 (1 étant faible et 10 étant excellent), où se situe mon niveau de satisfaction face à l'éducation de mon enfant?*
- *De quoi ai-je besoin en ce moment afin de m'aider dans l'éducation de mon enfant?* . . . .
. . . .
. . . .

- *Qui peut m'aider à répondre à ces besoins?* . . . .
. . . .
. . . .

- *Quelle est mon attitude, et quels sont mes sentiments envers les gens qui interviennent dans l'éducation de mon enfant? Par exemple, l'éducateur, le professeur, le médecin, les spécialistes, ma famille, mon conjoint, etc.*
. . . .
. . . .

- *De quelle façon puis-je communiquer mes attentes et mes besoins comme parent... à l'éducateur, au professeur, au médecin, au spécialiste, à ma famille, à mon conjoint, etc? Pour chacune des personnes qui interviennent auprès de votre enfant, écrivez comment vous allez communiquer. Vous pouvez prendre exemple sur le tableau de la page 61.* . . . .
. . . .
. . . .

2. Votre réseau de soutien

- *Quel est le portrait de mon réseau de soutien actuel?* . . .
. . . .
. . . .

- *Quelles sont les ressources dont mon enfant a besoin pour développer son potentiel?* . . . .
. . . .
. . . .

- *Dessinez votre réseau de soutien et de ressources. Vous pouvez vous inspirer des tableaux aux pages 88 et 90.*

3. La collaboration

- *Est-ce que j'obtiens la collaboration de tous?* . . . .
. . . .
. . . .

- *Comment puis-je obtenir le soutien et l'aide de tous les collaborateurs afin d'aider mon enfant ainsi que moi-même?*
. . . .
. . . .

- *Quelles mesures doivent être mises en place pour avoir un bon réseau de collaboration?*
  ....
  ....

4. Ce qui vous donne de l'énergie

- *S'oublier comme parent et comme couple est très fréquent. Qu'allez-vous mettre en place chaque jour pour vous donner de l'énergie?*
  ....
  ....
- *Que ferez-vous pour garder votre couple ou votre personne en santé? Quelles activités pratiquerez-vous?*
  ....
  ....
- *Quelles activités vous reconnectent à votre noyau familial?* ....
  ....
  ....
- *Faites un tableau hebdomadaire de vos activités énergisantes. Revoyez celui que vous avez déjà fait à la page 118.*

5. Votre organisation familiale

- *Quelles sont les tâches pour lesquelles vous avez besoin d'aide? Revoyez votre tableau de la page 125.* ....
  ....
  ....

- *Comment allez-vous amener toutes les personnes à participer à l'organisation des tâches?* ....
  ....
  ....

- *Quelles seront vos règles de conduite familiales durant vos rencontres?* ....
  ....
  ....

❊ Le mot du coach

RAPPEL

- *Planifiez et communiquez au lieu de blâmer;*
- *Cherchez des alternatives au lieu de dire non;*
- *Favorisez un climat de collaboration;*
- *Respectez votre engagement;*
- *Fixez-vous des objectifs à court et à moyen termes;*
- *Respectez vos limites et verbalisez-les;*
- *Prenez soin de vous, ne fixez pas seulement des objectifs pour votre enfant;*
- *Entretenez un haut niveau d'énergie et trouvez ce qui vous redonne de l'énergie!*

Le mot de la fin

Messages et témoignages inspirants

Pour vous démontrer à quel point ces enfants ont un impact positif dans la vie des gens qui les entourent, j'ai demandé à plusieurs personnes de vous partager leur vécu, leurs perceptions, les apprentissages et, surtout, comment ces enfants différents ont transformé leur vie.

Cette dernière section du livre est en quelque sorte le message essentiel de cet ouvrage. Peu importe que votre enfant soit un premier ou un dernier de classe, peu importe s'il sera médecin ou mécanicien, l'important est son bonheur et l'impact positif qu'il laisse dans votre vie. Après tout, en ce qui me concerne, je n'aurais jamais découvert ma mission et nullement écrit ce livre si ce n'était de ma fille qui m'a amenée dans un voyage tout à fait différent! Bonne lecture!

❊ *Éric, papa de Daphnée*

Éric avait un peu de difficulté à écrire un témoignage. Je comprends, car il est plus réservé par rapport à sa vie et la particularité de notre fille. Voici ce qu'il a écrit pour vous:

Je veux juste que ma fille soit heureuse... je ne crois pas avoir le goût de dire comment je l'aime et comment elle est! J'aimerais mieux écrire un commentaire à la main dans son livre à elle et garder notre relation sans la partager à tous. Je suis un peu tourmenté avec la mission de ce livre, par contre je sais que cela pourra aider d'autres parents qui sont comme France et moi. Suivez vos intuitions et aimez votre enfant du mieux que vous le pouvez.

Éric, papa de Daphnée

❊ *Chloé, sœur de Daphnée*

Ma sœur, je l'aime! Elle m'a appris à ne pas avoir peur dans le noir et je sais que ses fils sont mélangés dans sa tête mais je suis là pour l'aider. Des fois, c'est elle qui m'aide et j'aime jouer avec elle!

Chloé, 6 ans

❊ *Jazz, fille de mon conjoint*

Daphnée m'a apporté du bonheur, du stress et plein d'autres choses. Elle m'a aussi fait penser à comment on est chanceux/chanceuse d'avoir le complet contrôle sur nos doigts, mais pour elle, il lui faut beaucoup de concentration pour juste parler. Même avec ces petits défauts, moi et ma famille, on l'adore. Sauf quand elle nous réveille à 5:30 du matin. LOL[1]!

Jazz, 12 ans

1. LOL est l'acronyme en argot Internet de l'expression anglaise *Laughing Out Loud* (le fait de rire à voix haute). (Wikipédia).

❃ Marthe, la grand-maman de Daphnée

On devient parent quand l'enfant naît; on devient grands-parents quand, à son tour, cet enfant devient parent. Cette nouvelle naissance fait en sorte que l'on commence à jouer un nouveau rôle sans toutefois cesser de jouer le premier.

Voir sa fille donner naissance à son tour et s'émerveiller devant son bébé tout neuf est un précieux cadeau de la vie. Mais quand l'enfant est différent, c'est difficile pour les parents et pour nous aussi dans notre rôle de grands-parents. Nous vivons l'éclatement de notre rêve et nous devons faire le deuil de l'enfant parfait. Je me suis aperçue que Daphnée n'était pas comme les autres enfants un jour que nous étions en camping. Elle était très jeune et je n'ai rien dit, car ça faisait trop mal. Dans mon rôle de grand-maman, j'ai eu de la difficulté à vivre cette situation, éprouvant une peine immense, tant pour ma fille que pour ma petite-fille Daphnée.

J'ai longtemps été accrochée à l'idée que Daphnée n'avait pas vraiment de déficience et que, tôt ou tard, elle finirait par se développer normalement. L'étape de l'acceptation ne s'est pas faite tout de suite et m'a pris un certain temps. Ce que je vois maintenant en Daphnée, c'est une belle lumière chez une fillette dotée d'une grande sensibilité aux autres. Je reconnais aussi toutes ses belles victoires, que ce soit une nouvelle pose de yoga ou bien l'autonomie acquise à préparer sa boîte à lunch pour l'école.

Et que dire de France, courageuse, dynamique et intuitive, qui a su m'inspirer dans son combat pour que Daphnée ait tous les services nécessaires à son développement. Ses nombreuses recherches sur le sujet m'ont beaucoup impressionnée. Souvent, je pensais que je parlais à une spécialiste. Une force combative l'habite et elle ne baisse pas facilement les bras. Elle a une grande volonté de bien faire et de tout faire pour le meilleur. Ça n'a pas été toujours facile, mais elle a su utiliser cette expérience pour aider, informer et équiper sa famille, son entourage ainsi que les parents, les enseignants et les éducateurs. Et c'est avec admiration que je la regarde évoluer à travers tous ses accomplissements.

Nous, comme grands-parents, pouvons apporter un certain soutien, une présence lorsque nos enfants adultes ont besoin d'une bonne écoute et verser leur trop-plein émotif, ou lorsqu'ils ont besoin d'une pause pour mieux gérer les situations difficiles. Ce que j'ai appris de cette épreuve, c'est que nous avons tous grandi ensemble et nos liens sont beaucoup plus solides.

Mémé Marthe

❊ *Marraine de Daphnée*

J'ai fait ma confirmation pour devenir la marraine de Daphnée. J'ai choisi de confirmer ma religion catholique et j'ai fait le souhait devant l'évêque d'être de plus en plus à l'écoute des gens et de la vie. Peu après, Daphnée est entrée dans nos vies. Elle m'apprend depuis sa naissance à être à l'écoute. À l'écoute de mon intuition. Daphnée, par ses difficultés, nous impose l'écoute. L'écoute s'impose pour comprendre. Pour moi, il ne fut jamais important de comprendre le pourquoi de la maladie, mais il fut toujours et sera toujours primordial d'être à son écoute pour la comprendre. J'essaie continuellement de comprendre ce qu'elle me communique par son verbal et son non-verbal, sans essayer de comprendre pourquoi. Moi et Daphnée avons une connexion unique, parfois j'arrive à communiquer avec elle seulement en la regardant dans les yeux. Daphnée est un être d'exception qui, j'en suis convaincue, a beaucoup à nous apprendre. Je l'aime tellement!

Tante Anne,
xx

❊ *Tante de Daphnée, sœur de France*

Étant moi-même mère de deux jeunes filles, je peux vous assurer que le regard des autres sur nos enfants est important. Mais avoir un enfant différent au sein de notre famille, c'est d'autant plus difficile, car nous devons faire face continuellement au jugement des autres. Il est très difficile de comprendre ce que signifie réellement vivre avec un enfant différent, même pour moi qui fait partie de cette famille. Il m'a été difficile de laisser ma nièce, Daphnée, s'approcher de mes filles quand elles étaient bébé, car elle était imprévisible et ne connaissait ni le bien ni le mal. Elle pouvait leur tirer les cheveux, leur mettre un doigt dans l'œil, mais tout cela parce qu'elle ne savait pas comment dire « Tu as des beaux yeux ou de beaux cheveux. » Vivre avec un enfant différent est une bataille de tous les jours où le plus petit geste est une énorme victoire. C'est pourquoi j'admire ma sœur pour sa force de caractère et son courage. Ma sœur n'a pas baissé les bras lors du diagnostic de sa fille, mais elle en a fait sa nouvelle mission de vie. Et c'est avec tout son cœur, son énergie et sa détermination qu'elle vous ouvre son cœur et vous dévoile ce qu'est réellement éduquer un enfant différent et vivre avec au quotidien. C'est à nous, parents, d'ouvrir le chemin pour nos enfants, qu'ils soient différents ou non!

Je t'aime, France, et je suis très fière de toi!

Avec amour!
Ta sœur Marie-Claude

❊ *Maman Marie-Danielle*

Selon moi, mon fils Jean-Gabriel a toujours été tellement bien entouré; il est l'histoire d'une réussite à lui seul. Je me souviens de tout ce qu'on ne pouvait pas me dire: Saurait-il marcher? Tenir sa tête seul? Ou même parler? Langage des signes ou pas? Quel serait son parcours scolaire ? Écrire ou pas ? Lire ou pas ? Pourrait-il faire de la bicyclette ? Monter les escaliers sans aide ? Pourrait-il seulement s'habiller seul ? Manger ou boire seul ? Était-ce raisonnable de ne pas l'envoyer en garderie ? J'en oublie... et j'en aurais tellement plus à partager. Chose certaine, s'il n'y avait pas eu son handicap et ses multiples thérapies, je n'aurais peut-être pas eu autant d'enfants : c'est lui l'artisan de notre grande famille ! Jean-Manuel, son père, a toujours été épatant de ce côté-là. Même si je craignais d'avoir un autre enfant dysphasique (même si, dans le cas précis de Jean-Gabriel, il est certain que sa naissance difficile et le manque d'oxygène y sont pour quelque chose), Jean-Manuel disait que maintenant on saurait quoi faire, orthophonie et ergothérapie ; on aurait donc une longueur d'avance si ça devait arriver de nouveau. On serait la meilleure famille pour un tel enfant, puisque Jean-Gabriel a toujours progressé par rapport à lui-même. Nous avons toujours été très entourés et je ne me rappelle pas avoir été découragée à cause de lui — à cause du système scolaire, souvent, mais jamais à cause de notre fils. Il est un exemple de résilience et de détermination. Jean-Gabriel a toujours été le bonheur sur deux pattes, un vrai motivateur à lui seul ; j'ai tellement de voisins qui l'affectionnent et que je n'aurais sans doute pas rencontrés si ce n'était de la grande bonhomie de mon fils.

À bientôt,
Marie-Danielle

❊ *Mamie Michelle*

Jean-Gabriel est ce qu'on appelle un enfant différent. Mais il est quand même un enfant comme les autres qui joue et qui apprend.

Malgré quelques difficultés dans son apprentissage de la vie d'un petit enfant, il a toujours gardé son sourire et sa bonne humeur.

Pour se déplacer, chose naturelle pour la plupart des enfants, Jean-Gabriel a dû apprendre à ramper: avancer une jambe, un bras, l'autre jambe, l'autre bras. Tant de fois a-t-il repris l'exercice, et ce, toujours avec le sourire.

Apprendre à se vêtir, à faire de la bicyclette, deux choses qui lui ont demandé toute une série de recommencements. Il n'a jamais abandonné.

Il est maintenant Éclaireur chez les scouts. Son animateur me disait que Jean-Gabriel est celui qui ne lâche pas. Il va jusqu'au bout, même si ça lui demande plus de temps et plus d'efforts.

Aujourd'hui, à l'âge de 15 ans, Jean-Gabriel est un beau grand adolescent chaleureux, sensible qui, à force de persévérance, réussit à surmonter les difficultés et à dépasser ses limites. Il aime la chanson française, prend des cours de guitare, nage, excelle aux exercices de la Wii Fit. En fin de compte, il est un enfant comme les autres.

J'ai une grande admiration pour son courage et la constance de ses efforts.

Sa mamie, Michelle

❁ *Pierre, le grand-père paternel*

Aussi loin que je puisse retourner dans mes souvenirs, j'ai ressenti une grande tendresse envers Jean-Gabriel dès la première fois que je l'ai pris dans mes bras. Plus tard, alors qu'il avait dix-huit mois, sa maman m'a appris que j'étais l'une des personnes vers laquelle Jean-Gabriel s'élançait spontanément dans les bras. Cela m'a profondément touché et j'ai toujours cette observation de Marie-Danielle à l'esprit.

Depuis, ce qui me frappe chez Jean-Gabriel, c'est sa joie de vivre, sa sensibilité, sa générosité — il a un cœur d'or — et son intelligence. Je suis toujours émerveillé de sa capacité à saisir l'enchaînement des étapes dans les jeux vidéo qui requièrent des réflexes instantanés.

C'est ma conviction profonde que l'épanouissement et la joie de vivre de Jean-Gabriel tiennent au fait qu'à son point de vue ses parents, Marie-Danielle et Jean-Manuel, le traitent de la même manière qu'ils traitent ses frères et sœurs.

Pierre De Bané,
Son grand-papa

❊ *France Bibeau*

Bonjour!

Je me présente, France Bibeau, maman de deux enfants, soit une grande fille de 12 ans qui se nomme Émilie et un petit garçon dysphasique de 9 ans qui se nomme Simon. Dès la prématernelle, Simon démontrait des signes de retard au niveau du langage et de la compréhension.

Comme parent, il est difficile d'évaluer le retard quand on compense inconsciemment et quand la grande sœur, qui parle comme dix, est très maternelle avec son petit frère et devance toujours les demandes de celui-ci.

Heureusement, nous avons eu la chance d'avoir une éducatrice qui avait beaucoup d'expérience et elle nous a mis la puce à l'oreille. Selon ses recommandations, nous avons donc consulté. Après avoir passé plus d'une année en consultation auprès de plusieurs spécialistes, nous avons reçu le diagnostic de dysphasie sévère. Comme parents, plusieurs questions nous viennent à l'esprit: Pourquoi? Qu'est ce qu'on a fait? ou Qu'est-ce qu'on n'a pas fait? Peut-être qu'ils se trompent ?

Alors, on se précipite sur notre ordinateur pour trouver tout ce qu'on peut sur le sujet!

Et c'est à ce moment très exactement que LA question surgit: Que deviendra notre enfant? Et on angoisse sur son avenir. Est-ce qu'il pourra poursuivre des études? Est-ce qu'il pourra avoir un travail? Sera-t-il autonome? Pourra-t-il gérer ses finances? Puis, on prend conscience de l'impatience, de l'agressivité, de toutes les frustrations de notre fils.

Que tout ce qu'il a subi ou nous a fait subir depuis sa naissance n'était pas nécessairement causé par son mauvais caractère et son incapacité d'accepter un refus, mais en bonne partie à cause de son handicap! Ce n'était donc pas de l'indifférence ou de la paresse de sa part quand on lui demandait sans résultat de faire certaines tâches. C'est qu'il y avait trop de consignes qu'il n'avait pas comprises. Voilà pourquoi il réagissait ainsi quand il voyait la petite voisine arriver vers lui: il se mettait à lui faire de gros yeux et grogner. Il avait peur qu'elle lui parle, lui pose des questions qu'il ne comprendrait pas et que, à son tour, elle lui demande de répéter, car elle ne l'aurait pas compris.

Ainsi en lui faisant peur, elle ne lui adresserait pas la parole! C'était en quelque sorte le moyen de défense qu'il avait trouvé dès son jeune âge. Comme il est très difficile de trouver un/une orthophoniste, que ce soit au privé ou au public, je décide donc, d'un commun accord avec mon époux, de quitter mon travail pour me consacrer à Simon. De travailler avec lui et de le stimuler avec l'aide d'une orthophoniste qui a accepté de libérer une petite session par mois pour nous donner des exercices afin qu'il améliore sa déficience langagière et qu'il puisse s'intégrer plus facilement lors de la rentrée scolaire. Une fois que notre système scolaire eut « codé » notre fils, on a voulu le transférer dans une classe de langage dès la maternelle. Après avoir visité cette classe et constaté les différents handicaps de la clientèle, je n'ai pas trouvé cette classe appropriée pour mon fils.

J'ai dû me battre avec la commission scolaire et la direction de l'école de mon quartier afin que Simon soit intégré dans une classe régulière avec l'aide d'un accompagnement spécialisé et d'un suivi en orthophonie.

De cette manière, il se retrouverait dans un milieu familier et réconfortant. Il serait entouré de visages connus qu'il côtoyait depuis trois ans, car sa sœur fréquentait cette école. C'était logique pour moi et beaucoup plus rassurant pour lui et pour nous.

Je suis maintenant très fière d'avoir fait valoir mes droits et de m'être battue, car avec tout le soutien de la merveilleuse orthophoniste et des techniciennes qui ont accompagné Simon, il s'est très bien intégré et est accepté par ses pairs.

Il est certain que, comme tout handicap, cela demande beaucoup de temps, de patience, de travail et d'efforts de la part de l'enfant et des gens qui l'entourent. Mais chaque petite réussite nous démontre que tous les efforts déployés en valent la peine.

Par contre, comme ce n'est pas un handicap visible et pas vraiment connu et compris, et que Simon a développé des trucs et des approches bien à lui afin de contourner ses obstacles, il faut toujours répéter et expliquer son handicap à l'aide d'exemples chaque fois qu'il doit faire des activités. Que ce soit lors de loisirs ou à l'école, il faut en aviser les enseignants, les éducateurs et autres.

Les gens confondent souvent la dysphasie et la dyslexie. Malgré que « La vie soit un perpétuel combat », celui-ci en est un de taille, et je n'ose même pas imaginer le combat des parents dont l'enfant souffre d'un handicap beaucoup plus lourd que celui de mon fils.

Nous avons tous eu à subir des rejets et des commentaires à nous faire dresser les cheveux sur la tête, que ce soit les yeux rivés sur nous lorsque notre enfant est en crise et tous les jugements qui viennent avec. Mais ce qui est plus difficile à accepter, c'est l'incompréhension et l'ignorance des autres. « Chaque enfant est différent et unique », mais quand la différence devient dérangeante, c'est beaucoup moins drôle. Différence rime avec patience et, effectivement, il nous faut beaucoup de patience pour gérer tout ce qui entoure un enfant différent. Unique. Chaque être humain est unique en son genre, que ce soit par son aspect physique, son caractère, ses qualités ou ses défauts. Alors pourquoi la race humaine, aussi unique soit-elle, a de la difficulté à accepter la différence des autres! Chose certaine, chers parents d'enfants différents, nous sommes privilégiés de les avoir dans notre vie, car ils nous permettent de comprendre, d'accepter et d'être sensibles à leurs différences et à celle des autres. Ils nous font grandir et nous donnent la force de nous dépasser, d'aller chercher toute cette énergie et l'espoir qu'il nous faut pour continuer à nous battre pour eux.

Et en guise de récompense, ils nous donnent sans jugement leur amour inconditionnel!

Maman France Bibeau

❈ *Maman Dominik Lavigne*

Bonjour,

Il m'est revenu une phrase que Germain Duclos avait dite en répondant à un parent lors d'une conférence donnée pour l'organisme PANDA, à Repentigny, pour des parents d'enfants TDAH (trouble du déficit de l'attention/ hyperactivité). Cette phrase m'est toujours restée proche de mon cœur de maman. Elle a su maintes et maintes fois apaiser mon âme, dans les moments de joie intense avec Xavier et, parfois, dans les moments de désarroi. De tout ce que j'ai entendu sur le TDAH ou sur le fait de vivre avec un enfant différent, c'est définitivement cette phrase qui a su faire la différence depuis que nous cheminons ensemble dans cette odyssée.

La voici, ce n'est pas une citation au mot près, mais l'essence y est: « Au cours de mes nombreuses années de pratique, j'ai rencontré plusieurs enfants avec des difficultés, des différences. Par contre, une constante se retrouvait chez vos enfants qu'on dit différents: ils ont tous en commun l'Intelligence du Cœur! »

Et c'est ce qui m'est resté! De toutes les conférences auxquelles j'ai assisté... l'Intelligence du Cœur*! Et je la vis et j'en suis témoin au quotidien avec Xavier à travers son regard sur les autres, ce qu'il dit de notre société. De son empathie envers autrui. Comment ne pas apprécier un garçon d'à peine sept ans qui te dit un beau matin, en se rendant à pied à l'école: « Maman, tu sais qu'il est plus difficile d'être gentil que d'être méchant? » Wow! Et Xavier est toujours là pour donner de l'énergie quand un moment de découragement se fait sentir.*

Tu sais, récemment, j'étais à me demander qui étaient les plus « rigides » socialement? Les enfants TDAH ou les enfants non TDAH dans leur rejet de la différence dans leurs rapports avec autrui? Je crois qu'il y a place à l'éducation des enfants face à la compréhension de la différence et de l'apport de cette dernière...

Voilà, j'espère que mon écrit pourra t'être utile pour aider d'autres parents!

Dominik Lavigne
Conceptrice/Fondatrice MotivoPicto

J'aimerais bien que vous me partagiez, vous aussi, vos histoires, votre expérience et comment ces enfants transforment votre vie. Vos messages m'inspirent et me permettront de partager votre vécu avec d'autres. Envoyez-les-moi à mon adresse courriel.

À PROPOS DE L'AUTEURE

FRANCE HUTCHISON est détentrice d'un baccalauréat en éducation, conférencière, professeure de yoga, auteure de la trousse PedaYOGA et fondatrice de PedaGO.ca, une entreprise de services en coaching, en formation et en publications d'articles spécialisés en éducation.

Elle est passionnée par tout ce qui touche l'éducation et le développement du potentiel humain. Elle a travaillé à la fonction publique fédérale à titre de gestionnaire, de coach dans les programmes de perfectionnement du leadership, ainsi qu'en tant que spécialiste de l'apprentissage. Son côté humain, ses valeurs, ainsi que son désir d'aider les gens dans leur développement personnel font d'elle une communicatrice hors pair à l'écoute de ses clients.

Malgré son jeune âge, France a relevé plusieurs défis en gestion. Diriger des équipes multidisciplinaires, faire face à des changements de toutes sortes et savoir concilier travail et famille, elle s'y connaît, puisqu'elle est maman de deux belles jeunes filles dont une enfant ayant des besoins particuliers. Elle a appris sur le terrain de ses expériences et elle désire maintenant aider les gestionnaires, les professionnels de l'éducation et les parents à y voir plus clair dans leurs différents rôles.

Le yoga, la visualisation ainsi que le coaching sont les outils qu'elle favorise afin d'aider les gens à mieux gérer leur vie et surtout à être heureux!

Pour joindre l'auteure:

france@pedago.ca

SUGGESTIONS DE LECTURE

ADAMS, Marilee G. *Change Your Questions, Change Your Life*, Berrett-Koehler Publishers, 2004, 150 p.

AUBÉ, Rosanne. *Le labyrinthe de Jean-Michel*, Éditions Publistar, 2009, 188 p.

BOURBEAU, Lise. *Les cinq blessures qui empêchent d'être soi-même*, Éditions E.T.C., 2000, 216 p.

BRUCHEZ, Stéphane. *Les ouvriers du ciel au-delà des apparences*, Indigo-Montangero, 2009, 206 p.

CANFIELD, Jack. *Le succès selon Jack*, Éditions Un monde différent, 2005, 576 p.

CHOQUETTE, Sonia. *À l'écoute de vos vibrations*, Éditions AdA, 2005, 328 p.

CSIKSZENTMIHALYI, Mihaly. *Vivre - La psychologie du bonheur*, Éditions Robert Laffont, 2004, 272 p.

CYR, Michèle. *Que la force d'attraction soit avec toi*, Éditions Transcontinental, 2007, 144 p.

DYER, Dr Wayne W. *Le pouvoir de l'intention*, Éditions AdA, 2005, 330 p.

FINLEY, Guy. *Les clés pour lâcher prise*, Éditions de l'Homme, 2003, 200 p.

FOSSE, Patricia. *52 exercices de flash relaxation*, Éditions Recto-Verseau, 2002, 94 p.

GAWAIN, Shakti. *Techniques de visualisation créatrice*, Éditions Vivez Soleil, 1991, 184 p.

GRABHORN, Lynn. *Excusez-moi, mais votre vie attend*, Éditions AdA, 2004, 352 p.

HUTCHISON, France. *Yoga pour les enfants, guide pratique avec CD de musique*, coll. Pedayoga, Béliveau Éditeur, 2009, 90 p.

HUTCHISON, France. *Yoga pour les enfants, trousse: guide avec CD et 5 cahiers*, coll. Pedayoga, Béliveau Éditeur, 2009.

HUTCHISON, France. *Yoga pour les enfants, cahier d'activités: les chiffres (3-6 ans)*, coll. Pedayoga, Béliveau Éditeur, 2009, 24 p.

HUTCHISON, France. *Yoga pour les enfants, cahier d'activités: les lettres (3-6 ans)*, coll. Pedayoga, Béliveau Éditeur, 2009, 24 p.

HUTCHISON, France. *Yoga pour les enfants, cahier d'activités: jeux et exercices (7-9 ans)*, coll. Pedayoga, Béliveau Éditeur, 2009, 24 p.

HUTCHISON, France. *Yoga pour les enfants, les émotions*, coll. Pedayoga, Béliveau Éditeur, 2009, 12 p.

HUTCHISON, France. *Yoga pour les enfants, les difficultés*, coll. Pedayoga, Béliveau Éditeur, 2009, 12 p.

MCKENNA, Paul. *Changez de vie en 7 jours*, Éditions Marabout, 2005, 212 p.

PEACOCK, Fletcher. *Arrosez les fleurs, pas les mauvais herbes!* Éditions de l'Homme, 1999, 156 p.

RICHARDSON, Cheryl. *Prenez le temps de choisir votre vie*, Éditions AdA, 2001, 312 p.

THERRIEN, Yannick. *Tout pour réussir*, Béliveau Éditeur, 2008, 224 p.

THERRIEN, Yannick. *Tout pour réussir en famille monoparentale*, Béliveau Éditeur, 2009, 224 p.